GR

CW00369662

La Guadeloupe
La Trace des Alizés

Walks in Guadeloupe
The Trade-winds Trace

GR G1 : Vieux-Fort - Clugny

7 jours de marche

7 day walk

PARC NATIONAL DE LA GUADELOUPE
Habitation Beausoleil - Montéran -BP 93
97120 SAINT-CLAUDE

FÉDÉRATION FRANÇAISE DE LA RANDONNÉE PÉDESTRE
association reconnue d'utilité publique

9, rue Geoffroy-Marie
75009 PARIS

Sommaire / *Contents*

L'itinéraire / *The route*

Découvertes / *Items of interest*

La première chute du Carbet / The first Carbet waterfall. *Photo Philippe Giraud.*

Couverture / Cover : La Soufrière. *Photo Denis Bassargette / PNG.*

3

La Fédération Française de la Randonnée Pédestre

c'est aussi...

 1600 clubs et associations prêts à vous faire découvrir la France par les sentiers balisés.
Leurs animateurs passionnés sauront vous guider sur les plus beaux chemins de votre région.
Ces associations proposent des sorties programmées «à la carte» toute l'année. C'est un lieu de rencontre où l'on peut randonner comme on aime et en toute sécurité grâce à la licence FFRP.
Elles participent à l'entretien et à l'aménagement des chemins.

 Le 3615 RANDO (2,23 F/mn) pour connaître :
• les associations proches de chez vous,
• les randonnées prévues dans les régions,
• la mise à jour des topo-guides,
• les petites annonces.

 Le Centre d'information Sentiers et Randonnée :
• des conseils pour organiser vos randonnées,
• des informations sur les associations FFRP en France.

Centre d'Information Sentiers et Randonnée
64, rue de Gergovie 75014 PARIS
Tél. : (16-1) 45 45 31 02

 Fédération Française de la Randonnée Pédestre

La FFRP / *The FFRP*

Depuis 1947, le Comité national des sentiers de grande randonnée, devenu 30 ans plus tard la Fédération française de la randonnée pédestre, s'est donné pour tâche d'équiper la France d'un réseau d'itinéraires de randonnée pédestre balisés, entretenus, décrits dans les topo-guides comme celui-ci et ouverts à tous. Ce sont des bénévoles, au nombre de 2 500 à 3 000 en permanence, qui, tout au long de ces nombreuses années d'existence, ont créé les 60 000 km de sentiers de grande randonnée, les GR maintenant bien connus.

Si la randonnée pédestre a pris en France le développement qu'on lui connaît à l'heure actuelle, si les GR ont acquis la renommée qui leur est reconnue, c'est à eux et à la Fédération qu'on le doit. Depuis quelques années, leur action s'est étendue à des itinéraires de petite ou moyenne randonnée destinés aux randonneurs de week-end et de proximité.

La Fédération, seule ou parfois avec le concours de collectivités locales, édite les topo-guides qui décrivent les itinéraires et mettent en valeur leur attrait sportif ou culturel.

Mais son action désintéressée ne se borne pas là. Elle intervient sans cesse auprès des pouvoirs publics pour la protection et le maintien des chemins et sentiers nécessaires à la randonnée, pour la sauvegarde de l'environnement naturel, pour la promotion de la randonnée, pour la défense des intérêts des randonneurs.

Elle regroupe plus de 1 600 associations de randonneurs sur l'ensemble du territoire. Celles-ci font sa force. Randonneurs qui utilisez ce topo-guide, rejoignez-les ! Plus vous serez nombreux, plus la Fédération sera forte, plus son audience sera grande et plus elle disposera de moyens pour répondre à votre attente.

Since 1947, the Comité National des sentiers de grande randonnée (national committee for long-distance footpaths), which became 30 years later the Fédération Française de la Randonnée Pédestre (similar to the Ramblers' Association), has set itself the task of setting up in France a network of waymarked and organized long-distance footpaths, which are described in guide-books (topo-guides) such as this, accessible to all. A number of 2500 to 3000 permanent voluntary people have been creating, along those many years, the 60,000 km of hiking trails, well-known as " GRs " (for Grande Randonnée).

It is owing to these people and the Federation that France has known such an outburst of hiking and that the GRs have become famous as they are now. Since a few years, their activity has expanded to short- and medium-distance trails intended for week-end and proximity hikers.

The Federation, alone or sometimes with the help of local organizations, publishes the topo-guides which describe the routes, outlining their sports or cultural value.

Its disinterested action, however, goes far beyond this. It continuously applies to the public authorities for the protection and maintenance of the hiking trails, the protection of the environment, the promotion of hiking, the defence of the hikers' interests.

It includes more than 1600 hiking associations spread out over the whole territory. These associations make its force. Hikers who are using this topo-guide, come and join in ! The more participants it has, the stronger the Federation will be, the larger its audience, and the more facilities it will be able to offer to meet your expectations.

Le Parc National
The Parc National

Patrimoine naturel unique, le Parc National de la Guadeloupe, dernier né des Parcs nationaux français, a été créé en février 1989 pour protéger une des plus belles forêts des Petites Antilles.

Ses 17 300 hectares abritent une flore tropicale exubérante et riche où se développent plus de 300 espèces d'arbres et d'arbustes, ainsi qu'un foisonnement de lianes et de plantes épiphytes. Y vivent aussi 270 espèces de fougères dont les spectaculaires fougères arborescentes qui peuvent atteindre 15 mètres de haut… Quelque 90 espèces d'orchidées ont été dénombrées.

En raison des excès de chasse, la faune bien qu'originale a été très appauvrie par l'homme. On compte pourtant 38 espèces nicheuses d'oiseaux, 17 espèces de mammifères (dont le fameux «racoon», raton-laveur typique de la Guadeloupe devenu mascotte du Parc), et 4 espèces de reptiles.

The Parc National de la Guadeloupe, a unique nature patrimony, the latest of the French national parks, was created in February 1989 to protect one of the most beautiful forests of the Lesser Antilles.

Its 17,300 hectares shelter a lush exuberant tropical flora within which develop more than 300 tree and bush species and a profusion of lianas and epiphytic plants. 270 fern species also grow there, among which the arborescent ferns which can grow up to 50 foot high ... Some 90 species of orchids have been identified.

With excessive hunting, the fauna, although original, has been impoverished by mankind. There are, however, 38 bird nesting species, 17 mammal species (including the famous " racoon ", specific to Guadeloupe, which has become the park mascot), and 4 reptile species.

Hibiscus / Hibiscus. *Photo Denis Bassargette / PNG.*

de la Guadeloupe
de la Guadeloupe

La forêt n'abrite aucun animal venimeux ou dangereux pour l'homme. Le plus gros insecte du monde, scieur de long (Dynastes Hercules) fait partie des centaines d'espèces d'insectes présentes dans l'île.

Les sites naturels les plus remarquables de la Guadeloupe se trouvent à l'intérieur du Parc National : les Chutes du Carbet, le Grand Étang, la Soufrière, les Deux Mamelles, la Cascade aux Ecrevisses.

Le Parc offre aux visiteurs près de 250 km de sentiers (dont le sentier de Grande Randonnée), ainsi que de nombreux équipements d'accueil : maisons thématiques, aires de pique-nique…

Associée au Parc National, une réserve naturelle protège, dans le Grand Cul-de-Sac Marin, 3 700 hectares de mangrove, de milieux humides, et de fonds marins d'une très grande richesse (récifs coralliens, herbiers sous-marins, etc.).

Protéger les patrimoines guadeloupéens (naturels et culturels), tout en permettant leur valorisation économique est la voie que suit le Parc National de la Guadeloupe, notamment par le développement de l'écotourisme. La récente création par l'UNESCO de la réserve de biosphère de l'archipel de Guadeloupe, gérée par le Parc National, le conforte dans cette ambition.

The forest contains no venomous animals or animals harmful for mankind. The world largest insect, the pit sawyer (Dynastes Hercules), is one of the hundreds of insects living on the island.

The most remarkable natural sites of Guadeloupe are located within the national park: les Chutes du Carbet, le Grand Etang, la Soufrière, les Deux Mamelles, la Cascade aux écrevisses.

The park offers its visitors nearly 250 km of trails (including the long-distance footpath, Grande Randonnée), as well as a large number of accommodation facilities: thematic houses, picnic areas, etc.

Associated with the national park, is a nature reserve which protects, in the Grand Cul-de-Sac Marin, 3700 hectares of mangrove, damp environments, and a sea bed of great richness (coral reefs, submarine herbariums, etc.).

The objective of the Parc National de la Guadeloupe is to protect the Guadeloupean patrimony (nature and culture), while promoting its economical progress, especially through the development of ecotouring. The recent creation by the UNESCO of the biosphere reserve of the Guadeloupe archipelago, which is under the authority of the national park, reinforces this commitment.

La Guadeloupe
Parc National

Habitation Beausoleil - Montéran -BP 93
97120 SAINT-CLAUDE

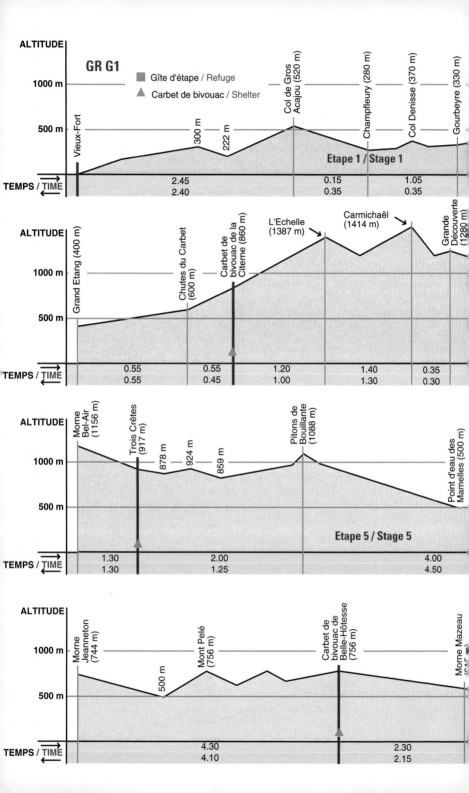

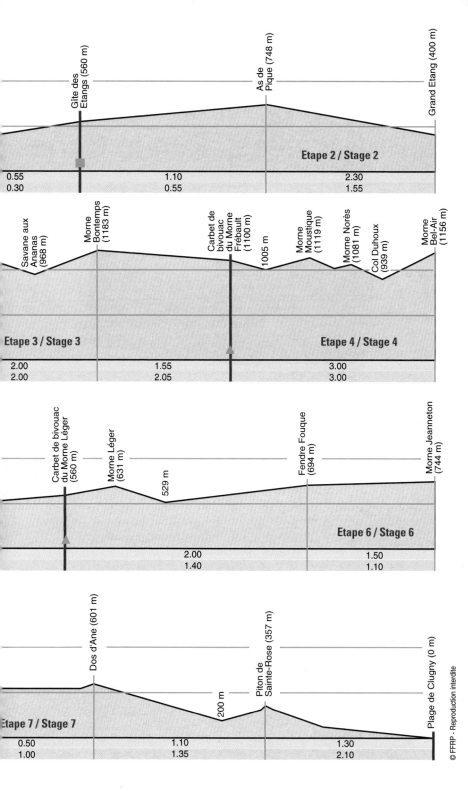

Après les topo-guides
des sentiers de randonnée,
la FFRP crée la Rando Carte !

Avec la Rando Carte, vous contribuez directement à la protection des 120 000 km de chemins créés et entretenus par 6 000 bénévoles.

De plus, la Rando Carte vous permet de bénéficier de multiples avantages dont une assurance conçue et adaptée pour vos besoins de randonneur.

Alors, pour la sauvegarde du "patrimoine sentiers" et votre sécurité, équipez-vous dès maintenant de votre Rando Carte!

Pour en savoir plus, procurez-vous le bulletin d'adhésion auprès de notre centre d'information :
64 rue de Gergovie 75014 Paris
Tél. 16 1. 45 45 31 02 - Fax 16 1. 43 95 68 07

 Fédération Française de la Randonnée Pédestre

Infos pratiques
Practical information

Le guide et son utilisation

Ce guide décrit le GR G1 que l'on peut parcourir en 7 jours. Le découpage proposé a été réalisé en fonction des hébergements.

La description des itinéraires est présentée en regard de la reproduction de la carte IGN au 1 : 25 000 correspondante où le tracé du sentier est porté en rouge. En règle générale, les cartes sont orientées Nord-Sud (le Nord étant donc en haut de la carte). Dans le cas contraire, la direction du Nord est indiquée par une flèche en rouge.

Sur les cartes et dans la description des itinéraires, à côté de certains points de passage, sont mentionnés des repères ; ils permettent de situer ces lieux avec plus de précision.

Un plan de situation général permettant de visualiser l'itinéraire est présenté dans le rabat de la couverture. Un tableau (p. 17) recense une grande partie des ressources : hébergements, transports…

Des profils de dénivelés (pages 8 et 9) permettent de visualiser le relief et de connaître les temps de parcours dans les deux sens entre les différents points de passage.

The guidebook and how to use it

This guide describes the GR G1 which can be travelled in 7 days. The proposed breakdown has been selected according to the availability of accommodation facilities.

A description of the routes is shown opposite a copy of the corresponding 1:25,000 IGN map with the path marked in red. As a rule, the maps are oriented North-South (with the North at the top of the map). Otherwise, the North direction is shown by a red arrow.

On the maps and in the description of the routes, next to certain passing points, identifiers are indicated: these enable to locate the points with more accuracy.

A general location drawing showing the route is provided on the cover flap. A table (p. 17) lists most of the resources available: accommodation, transport, etc.

Level profiles (pages 8 and 9) show the relief to find out how much time is required to walk both ways to and from the passing points.

Réalisation. Ce topo-guide a été réalisé en coédition par la Fédération Française de la Randonnée Pédestre et le Parc National de la Guadeloupe.

Personnes ayant participé à la réalisation du topo-guide : description des itinéraires et textes thématiques : Pierre Dursus, Cécile Passet, Comité éditorial du Parc National de la Guadeloupe. Le texte de 4e de couverture a été réalisé d'après un texte d'Anne-Marie Minvielle.

Personnes participant à l'entretien du GR : Parc National de la Guadeloupe, Conseil Général, Conseil Régional, Office National des Forêts, Pierre Dursus, Club des Montagnards, Association des Amis du Parc National de la Guadeloupe et de l'Environnement.

Temps de parcours

Les temps indiqués dans ce guide correspondent au mode de calcul suivant : 300 m de dénivelé par heure à la montée et 400 à 500 m à la descente pour un randonneur moyennement chargé.

Chacun doit donc interpréter ces temps en fonction de son chargement et de ses possibilités physiques.

Balisage et itinéraire

L'itinéraire principal du GR G1 est balisé en blanc et rouge. La description du parcours est faite dans le sens Sud / Nord ; elle correspond au balisage sur le terrain.

Toutefois, dans le cas de modifications (rendues nécessaires par l'exploitation agricole ou forestière, le remembrement, les travaux routiers, etc.), il faut suivre le nouveau balisage même s'il ne correspond plus à la description.

Ces modifications, quand elles ont une certaine importance, sont publiées sur le minitel *3615 RANDO*. Elles sont également disponibles, sur demande, au Centre d'informations *Sentiers et randonnée* (voir «Adresses utiles»).

Les balisages effectués par les bénévoles de la Fédération et les descriptions d'itinéraires n'ont pour objet que de faciliter aux utilisateurs le repérage sur le terrain et le choix d'un itinéraire intéressant. Mais c'est au randonneur d'apprécier ses capacités physiques compte tenu des conditions du moment (intempéries, état du sol...) et de la description faite dans le topo-guide.

Les renseignements fournis dans ce topo-guide, exacts au moment de l'édition de l'ouvrage, n'ont qu'une valeur indicative et n'engagent en aucune manière la responsabilité de la FFRP.

Walking times

The times indicated in this guidebook correspond to the following calculation: 300 m of difference in levels per hour climbing up, and 400 to 500 m climbing down, for a walker carrying an average load.
Each person must therefore adjust these times in view of his or her load and physical abilities.

Waymarks and route

The main route of the GR G1 is waymarked with white and red signs. The route is described in the South-North direction to correspond to the signs on site.

However, whenever changes have occurred (made necessary by agricultural or forest developments, the regrouping of lands, road works, etc.), you must follow the new signs, even if they no longer reflect the description.

Such changes, when of some importance, are published on Minitel, *3615 RANDO*. They are also available, on request, from the *Sentiers et randonnée* information center (see " Useful addresses ").

The waymarking made by the voluntary people of the Federation and the route descriptions are merely intended to make easier for the users to identify the signs on site and select an interesting route. The walker, however, must estimate his or her physical abilities in view of the conditions at that time (weather, terrain, etc.) and of the description given in the topo-guide.

All the information given in this topo-guide, exact at the time the book was published, is given for reference only and does not involve the responsibility of the FFRP.

Le randonneur parcourt l'itinéraire à ses risques et périls. Il reste seul responsable, non seulement des accidents dont il pourrait être victime, mais des dommages qu'il pourrait causer à autrui tels que feux de forêts, pollutions, dégradations...

Le randonneur a intérêt à être bien assuré. La FFRP et ses associations délivrent une licence incluant une assurance adaptée.

The hikers travel at their own risks. They are solely responsible, not only for accidents which they may have, but also for damage to others due to forest fires, pollution, degradation, etc.

It is the hiker's interest to have a good insurance policy. The FFRP and its related associations deliver a licence including an appropriate insurance.

Période conseillée, météo

La Guadeloupe connaît deux saisons :

- **une saison humide** (ou hivernage) qui s'étend de juillet à décembre et qui reste peu propice à la randonnée en raison de l'abondance des mauvaises conditions climatiques : pluies brutales et abondantes, orages, dépressions tropicales.

- **une saison sèche** (ou carême) de janvier à juin, la meilleure pour la marche en forêt mais durant laquelle un gros «grain» n'est jamais à exclure.

De toute façon, quelle que soit la saison, le temps est très changeant en Guadeloupe. Or, si une météo défavorable gâche souvent le plaisir, elle augmente également les difficultés et donc les risques.

▶ **Il faut se méfier en particulier du temps pluvieux : la plupart des traces comportent des traversées de rivières dont le niveau peut monter très rapidement.**

Mieux vaut avant de partir, vous renseigner auprès des services de la Météorologie Nationale sur les conditions climatiques prévues (voir «Adresses utiles»).

Recommended period, weather

There are two seasons in Guadeloupe:

- **a rainy season** (or winterage) from July to December, which is little favourable to hiking due to many bad climatic conditions: sudden and heavy rain showers, storms, tropical depressions.

- **a dry season** (or " carême ") from January to June, the best season for walking in the forest, although a heavy shower of rain can never be excluded.

At any rate, whatever the season, the weather in Guadeloupe is quite variable. And bad weather conditions not only spoil the fun, but also increase the difficulties and thereby the risks.

▶ **Beware especially of rainy weather: most paths involve the crossing of rivers whose levels may rise very quickly.**

Before starting off, enquire from the Météorologie Nationale about the weather forecast (see " Useful addresses ").

Le GR est praticable toute l'année, néanmoins un appareillage de communication (VHF portative, petit poste de radio) est souhaitable en période cyclonique : août, septembre, octobre.

Il est conseillé de partir tôt le matin : il fait moins chaud et l'air est souvent plus pur.

Par ailleurs, **la nuit tombe vite aux Antilles** (entre 17 h 30 en décembre et 18 h 30 en juin), et mieux vaut éviter de se laisser surprendre par l'obscurité (lampe torche conseillée). Dans ce cas, pas de panique pourtant, essayez de trouver un endroit sec pour dormir, la forêt n'abrite aucun animal dangereux pour l'homme.

The GR is practicable throughout the year, however it is advisable to carry some communication equipment (portable VHF radio, small radio) during the hurricane period: August, September, October.

It is recommended to start early in the morning: it is cooler and the air is often purer.

Besides, **the night falls rapidly in the Antilles** (from 5:30 pm in December to 6:30 pm in June) and you should avoid being caught by darkness (carry a torch). Should this happen, however, do not panic: try to find a dry place to sleep in, there are no harmful animals in the forest.

L'équipement

L'équipement pour randonner en Guadeloupe doit être léger mais fonctionnel, robuste et efficace au plan de la protection contre l'eau. Il est conseillé de choisir des vêtements chauds et imperméables, de prévoir des vêtements de rechange (chaussettes notamment) protégés dans un sac en plastique. Mettre des chaussures fermées (pas de sandales ou de pieds-nus), mais pas trop lourdes (les grosses chaussures de trekking s'alourdissent très vite en terrain humide).

Emporter toujours un maillot de bain : beaucoup de randonnées offrent d'agréables baignades.

Se munir d'une boussole, et emporter une petite pharmacie comportant notamment un produit de protection contre le soleil.

Chaque journée réclame un certain entraînement et une bonne condition physique. Certaines «grimpettes» sont éprouvantes et les fonds souvent boueux, sinon marécageux.

Outfit

For hiking in Guadeloupe, you should wear an outfit light but functional, robust and watertight. We recommend you choose warm and waterproof clothes and take spare clothes (especially socks) protected by a plastic bag. Wear closed shoes (no sandals), but not too heavy (big trekking shoes quickly become very heavy in damp soil).

Always take a swim suit: many routes offer pleasant swimming spots.

Carry a compass and a first-aid kit including a sun cream.

Each walking day requires some training and a good physical condition. Some climbing sections are wearing out and the soil is often muddy if not swampy.

Pour la nuit, prévoir un matelas de bivouac ainsi qu'un sac de couchage léger.

> Il est conseillé de lire le *Guide pratique du randonneur* (éd. FFRP) qui contient de nombreux renseignements utiles.

For the night, take a bivouac mattress and a light sleeping bag.

> We recommend to read the *Guide pratique du randonneur* (FFRP ed.) (rambler's guidebook) which contains a lot of useful information.

Pour se rendre en Guadeloupe

Pointe-à-Pitre est desservie par de nombreuses compagnies aériennes.

• à partir de Paris et des principales villes françaises : Air France, AOM , Air Liberté, Corsair.

• à partir de l'Amérique du Nord : American Airlines, Air Canada.

Il existe également des liaisons inter-îles assurées par les compagnies Liat, Air Guadeloupe et Air Martinique.

How to get to Guadeloupe

Pointe-à-Pitre is served by many airline companies.

• From Paris and the main French towns: Air France, AOM, Air Liberté, Corsair.

• From North America: American Airlines, Air Canada.

There are also inter-island links served by Liat, Air Guadeloupe and Air Martinique.

Pour se rendre sur l'itinéraire

• Locations de voiture
Aéroport, zone industrielle de Jarry et grands centres touristiques.

• Autocars
De nombreuses compagnies privées sillonnent l'île. On arrête le chauffeur d'un signe de la main. Les terminus correspondent aux deux villes principales : Pointe-à-Pitre et Basse-Terre.

• Taxis
Pratiques mais plus chers, depuis le centre ville de Pointe-à-Pitre et dans les grands centres touristiques.

How to reach the trail

• Car rentals
Airport, Jarry industrial estate and major tourist centers.

• Buses
Many private companies criss-cross the island. Wave the driver to stop. The terminals correspond to the two main towns: Pointe-à-Pitre and Basse-Terre.

• Taxis
Practical, though more expensive, can be found in the Pointe-à-Pitre town center and in the major tourist centers.

Hébergements / services

Les refuges du Parc, destinés à l'accueil des randonneurs de passage, sont ouverts toute l'année. Ils sont gratuits et non gardés. Il n'existe pas pour le moment de système de réservation, l'occupation se faisant suivant la règle du premier arrivant.

Seul le gîte des Etangs, refuge privé et payant, nécessite une réservation. Son adresse est la suivante :

• Gîte des Etangs
Palmiste, 97113 Gourbeyre,
tél. 590 92 10 63.

Les refuges du Parc sont des «carbets de bivouac» ce qui signifie que leurs aménagements sont réduits. Vous n'y trouverez qu'un dortoir pour une vingtaine de personnes, équipé de bat-flancs.

> ▶ **Il n'y a pas de ramassage d'ordures, vous devez remporter vos déchets avec vous.**

> ▶ **Attention ! les seuls points de ravitaillements se trouvent à Gourbeyre et Sainte-Rose. Pensez donc à bien gérer ravitaillement et eau selon les étapes.**
>
> **Le ravitaillement est également possible sur des sites accessibles en voiture : la Citerne (2e jour) et la Route de la Traversée (5e jour).**

Accommodation and services

The refuges of the park, intended to provide shelter for hikers passing by, are open all around the year. They are free and unattended. There is no booking system available for the moment and occupation is ruled by the first-in principle.

Only one refuge, the gîte des Etangs, which is private and not free, requires a reservation. The address is:

• Gîte des Etangs
Palmiste, 97113 Courbeyre
Phone: 590 92 1063

The refuges of the park are " carbets de bivouac ", which means that they offer little furnishment. You will find there a simple dormitory for twenty people or so, with sleeping boards.

> ▶ There is no garbage collection, you must take your refuse away with you.

> ▶ Remember! the only catering points are Gourbeyre and Sainte-Rose. Make sure you have enough food and water for the stages.
>
> Catering is also available on the sites accessible by car: la Citerne (day 2) and la Route de la Traversée (day 5).

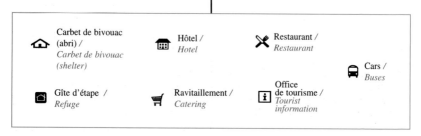

Carbet de bivouac (abri) / *Carbet de bivouac (shelter)*	Hôtel / *Hotel*	Restaurant / *Restaurant*
		Cars / *Buses*
Gîte d'étape / *Refuge*	Ravitaillement / *Catering*	Office de tourisme / *Tourist information*

Temps / Time	LOCALITÉS / PLACES	Pages / Pages	⌂	🏠	🛏	🛒	🍴	ℹ	🚌
	VIEUX-FORT	33				•	•		•
4.05	GOURBEYRE	35				•	•	•	•
0.55	GITE DES ÉTANGS	35	•						
5.30	LA CITERNE	47	•						
7.30	MORNE FRÉBAULT	49	•						
4.30	TROIS-CRÊTES	53	•						
6.00	MORNE LÉGER	59	•						
8.20	BELLE-HÔTESSE	67	•						
4.30	SAINTE-ROSE	77				•	•	•	•

Cartographie

Les cartes au 1 : 25 000 de l'IGN disponibles en librairie couvrent la totalité de la Basse-Terre en trois parties :

n° 4602 G, n° 4605 G, n° 4606 G.

D'autres cartes peuvent également être utiles :
- série *Les Spéciales* de l'IGN : Guadeloupe au 1 : 100 000

La FFRP ne vend pas de cartes. Pour les cartes IGN, s'adresser à l'Institut Géographique National, *Espace IGN*, ☎ 43 98 85 00, 107, rue de la Boëtie 75008 Paris, ou aux agences de vente régionales de l'IGN, les librairies, papeteries et magasins de sports figurant sur la liste dressée par l'IGN.

Maps

The 1:25,000 maps from the IGN, available from bookshops, cover all of Basse-Terre in three parts:

No. 4602 G, No. 4605 G, No. 4606 G.

Other maps can also be useful:
- the IGN series *Les Spéciales:* Guadeloupe, 1:100,000.

The FFRP does not sell maps. For IGN maps, contact the Institut Géographique National, Espace IGN, 107 rue de la Boëtie, 75008 Paris (phone number: 43 98 85 00), or the local IGN sales offices, bookshops, stationers' shops and sports shops listed by the IGN.

Recommandations

Ne troublez pas la tranquillité des lieux, gardez la discrétion nécessaire. Ne pêchez pas, ne chassez pas, et ne prélevez pas de végétaux. Respectez la faune et la flore que protège le Parc National de la Guadeloupe. Par ailleurs, tout au long du GR G1, les gardes-moniteurs du Parc sont là pour informer, secourir, mais ils sont aussi assermentés et donc habilités à constater les infractions liées à la protection de l'environnement.

Accompagnateurs

Le sentier de grande randonnée est associé à la mise en place d'un bureau des accompagnateurs en moyenne montagne. Fonctionnant sur le modèle des bureaux des guides, bien connus dans les massifs montagneux, il permet aux touristes randonneurs de retrouver une structure d'accueil qu'ils ont l'habitude de fréquenter au cours de leurs excursions.
Le GR G1, de par sa difficulté, est l'une des prestations vendues par les accompagnateurs. Cette commercialisation peut être proposée sur plusieurs formes :
- vente simple ou location de matériel : hamacs, chaussures, sac à dos, topoguides…
- GR accompagné : un accompagnateur diplômé encadre entièrement les randonnées.
- GR assisté : le client achète une prestation d'assistance (ravitaillement en eau et nourriture) qui se négocie au coup par coup.
- GR Sécurité : la randonnée a lieu en complète indépendance mais la location éventuelle d'émetteurs-récepteurs portatifs permet un contact radio régulier avec un accompagnateur, ce qui rend possible une assistance rapide en cas de besoin.

Recommendations

Do not disturb the quietness of the place, but keep behaving discretely. Do not fish, nor hunt, nor collect plants. Be respectful of the wildlife and flora protected by the Parc National de la Guadeloupe. Besides, all along the GR G1, guards-instructors are available to inform or rescue you, but since they are on oath, they are also accredited to report any infringement relative to the protection of the environment.

Guides

The long-distance footpath is associated with a medium mountain guide agency.

This agency operates as the guide offices, well-known in the mountainous massifs, and allow hikers to find the same familiar reception structure which they commonly find during their excursions.

The GR G1, being difficult, is sold by agents. Several packages are available:
- simple sale or rental of equipment: hammocks, shoes, rucksacks, guidebooks, etc.

- GR with guide: a licensed guide fully supervises the walk.

- GR with assistance: the client purchases an assistance service (water and food supply) to be agreed on a case by case basis.

- GR with safety: the walkers are fully independent but can rent portable transceivers to keep a radio contact with a guide so as to get quick assistance whenever needed.

Contact : Bureau des Guides et Accompagnateurs
Office du Tourisme de la Basse-Terre
Maison du Port, cours Nolivos, 97100 Basse-Terre
Tél. 81 24 83 ou 80 33 43

Centre d'information *Sentiers et randonnée*, 64, rue de Gergovie, 75014 Paris, © 45 45 31 02.

• Parc National de la Guadeloupe :
- Siège, Habitation Beausoleil, Montéran, BP 93, 97120 Saint-Claude, tél. 80 24 25, fax 80 05 46.
- Bureau du secteur de la Traversée et de la Réserve naturelle du Grand-Cul-de-Sac-Marin, 43, rue Jean Jaurès, 97122 Baie-Mahault, tél. 26 10 58.
- Bureau du secteur de la Soufrière, Cité Guillard, 97100 Basse-Terre, tél. 99 03 15.
• Maison du Volcan
Bains Jaunes, 97120 Saint-Claude, tél. 80 33 43.
• Maison de la Forêt
Route de la Traversée, 97170 Petit-Bourg.
• Maison du Bois
Les Plaines, 97116 Pointe-Noire, tél 98 17 09.
• Office du tourisme départemental de la Guadeloupe
Square de la Banque, place de la Victoire, 97110 Pointe-à-Pitre, tél. 82 09 30.

• Office du tourisme de la Basse-Terre
Maison du Port, cours Nolivos, 97100 Basse-Terre, tél. 81 24 83.
• Office du tourisme de Bouillante
Bourg de la Bouillante, 97125 Bouillante, tél. 98 73 48.
• Bureau des guides et accompagnateurs, Office du tourisme de la Basse-Terre, Maison du Port, Cours Nolivos, 97100 Basse-Terre, tél. 81 24 83 - 80 33 43.
• Club des Montagnards
BP 674, 97169 Pointe-à-Pitre Cedex, tél. 94 29 11.
• Association des amis du Parc National de la Guadeloupe et de l'Environnement BP 286, 97100 Basse-Terre, tél. 80 05 53.
• Services météo
Tél. 36 68 97 10 (répondeur).
• Pompiers
Tél. : 18
ou 81 68 18 sapeurs-pompiers Basse-Terre (Desmarais).
• Gendarmerie
Rue du Champ d'Arbaud, 97100 Basse-Terre, tél. 81 10 35 ou 17 pour toutes les communes.

**36 15
36 15
36 15
RANDO
RANDO
RANDO**

2,23 F la minute

■ Pour trouver le GR qui passe à votre porte ou celui qui vous fera découvrir l'autre bout de la France.

■ Pour savoir où acheter vos topo-guides.

■ Pour mettre vos topo-guides à jour.

■ Pour trouver une formation à la randonnée ou une association de randonneurs avec qui partir sur les sentiers.

■ Pour connaître toute l'actualité de la randonnée.

Bibliographie / *Bibliography*

Guides de randonnée /
Ramblers' Guidebooks

• *Les plus belles balades en Guadeloupe*, édition du Pélican.
• *28 randonnées en Basse-Terre*, Parc National de la Guadeloupe.
• Fiches randonnées du club des montagnards.

Ouvrages bilingues (Français-Anglais) /
Bilingual publications (French-English)

• *Guide du tour des îles de la Guadeloupe*, Production Pacific.
• *Destination Guadeloupe*, édition Exbrayat.

Ouvrages en langue anglaise /
Publications in English

• *The outdoor traveler's guide*, Caribbean, Stewart, Tabori and Chang, New-York.
• *Cadogan guides, the Caribean*, Cadogan Books Ltd London, the Globe Pequot Press Chester, Connecticut.s
• *Fielding's, Caribbean*, Fielding Travel Book, New-York.
• *APA Insight Guides, Caribbean, Lesser Antilles, USA and Canada*, Prentice Hall Travel.

Ouvrages généraux / General publications

• *Guadeloupe*, Guide Gallimard.
• *En Guadeloupe*, Guide Hachette Visa.
• *Guide du routard* : Antilles, Hachette.

Histoire / Historical publications

• *Nouveau voyage aux Isles de l'Amérique*, RP Labat, éd. des Horizons Caraïbes 1972.
• *Petite Histoire de la Guadeloupe*, éd. L'Hamattan, Paris 1992.
• *Les Caraïbes des Petites Antilles*, Lafleur, éd. Karthola, Paris 1992.
• *Christophe Colomb et la Découverte de la Guadeloupe*, A. Yacou, éd. Caribéennes, 1992.

Littérature / Literature

• *La traversée de la mangrove*, Maryse condé, éd. Gallimard, 1989.
• *Pluie et vent sur Télumée*, Simone Schwartz-Bart, Le Seuil 1981, Paris.
• *Miracle et «Ti Jean l'horizon»*, Simone Schwartz-Bart.
• *L'homme au bâton*, Ernest Pépin, éd. Gallimard, coll. NRF, Paris, 1992.

Nature / Nature

• *Les oiseaux des Petites Antilles*, Edouard Benito-Espinal, éd. du Latanier, 1990.
• *Fleurs et plantes des Antilles*, Jacques Fournet, éd. du Pacifique, 1985.
• *Les milieux humides du littoral guadeloupéen*, ONF, 1988.
• *Orchidées de Guadeloupe*, N. Kvasnikoff, Imp. Hérissey, 1992.
• *Guide géologique*, D. Westercamp et H. Tazzief, éd. Masson, 1980.
• *Plantes fabuleuses des Antilles*, J. Portecop, C. Sastre, éd. Caribéenne, 1985.

Arts et traditions /
Fine arts and traditions

• *La cuisine antillaise*, A. Negre, éd. du Pacifique, 1977.
• *Musique et musiciens en Guadeloupe*, A. et F. Uri, Paris, 1991.

Langue / Language

• *Dictionnaire créole-français*, éd. Jasor, 1990.

Divers / Miscellaneous

• *Gîtes et refuges*, A. et S. Mouraret, éd. La Cadole.

La région traversée
The travelled region

La trace des alizés depuis le sommet du Carmichaël /
The trade winds trace, from the top of the Carmichaël. *Photo Denis Bassargette.*

«C'était une île très montueuse ; l'un de ses pics en forme de diamant s'élevait à une telle hauteur que c'était merveille, et de son sommet jaillissait une très grande source qui répandait l'eau de tous côtés de la montagne... Dès que j'arrivais auprès de cette île, je la nommais Sainte-Marie de la Guadeloupe comme m'en avait chargé le père prieur et les frères (du monastère) quand je partis de là-bas ...»

Christophe Colomb - 4 Novembre 1493.

" It was a most hilly island; one of its peaks, of diamond shape, was reaching such a height that is was wonders and from its summit a very great spring gushed forth, spreading water all over the mountain... As soon as I landed on the island, I named it Sainte-Marie de la Guadeloupe, hereby following the instructions which I had been given when I had left, by the prior and brothers (from the monastery)... "

Christopher Columbus, 4 November 1493.

Baignée par la Mer Caraïbe et l'Océan Atlantique, la Guadeloupe est l'archipel le plus important des Petites Antilles, avec 1 780 km². Il doit son surnom de papillon à la forme de ses îles principales : La Grande-Terre et la Basse-Terre. Plusieurs îles complètent l'archipel : Les Saintes, Marie-Galante, la Désirade, Saint-Martin et Saint-Barthélémy.

La Grande-Terre offre peu de relief. Elle s'est tournée vers la canne à sucre et le tourisme.

La Basse-Terre, île volcanique, est le domaine des grandes bananeraies et de la forêt tropicale. Elle possède le point le plus élevé des Petites Antilles, la Soufrière (1467 m). C'est cette région de la Basse-Terre que le GR G1 vous invite à découvrir.

Washed by the Caribbean Sea and the Atlantic Ocean, Guadeloupe is the largest archipelago of the Lesser Antilles, with its 1,780 km². It owes its familiar name of " butterfly " to the shapes of its main islands: Grande-Terre and Basse-Terre. Several islands complete the archipelago: Les Saintes, Marie-Galante, La Désirade, Saint-Martin and Saint-Barthélémy.

La Grande-Terre has little relief. It has turned to sugar cane and tourism.

La Basse-Terre, a volcanic island, is occupied by large banana plantations and tropical forest. It has the highest point of the Lesser Antilles, La Soufrière (1,467 m). This is the area which the GR G1 offers to discover.

Sur le marché de Basse-Terre / At the market in Basse-Terrre. *Photo Rosine Mazin / Top.*

Partant du littoral Sud, le GR chemine sur des reliefs très marqués : chaînes de montagne, vallées massives et étirées en longueur, pentes généralement très fortes, réseau hydrographique important composé de grandes rivières et de petits cours d'eau.

La variété des paysages est grande en Guadeloupe. Elle résulte de la combinaison des formes de relief, climat et végétation, ainsi que de l'action de l'homme. Trois paysages, issus des activités humaines, dominent la région de la Basse-Terre : celui résiduel de la **canne à sucre**, dans les plaines du Nord-Est, celui de la **banane**, dans la région de Capesterre et en Côte sous le Vent, et celui des **cultures vivrières**, sous la forme de jardins et vergers créoles. Compte tenu des caractéristiques du relief, la population de la Basse-Terre se concentre sur le littoral.

Par opposition aux milieux exploités par l'homme, le paysage naturel de la Guadeloupe est composé de différents types de forêts, caractérisés par l'humidité et l'altitude. **La forêt dense**, peu modifiée par l'homme, subsiste sur les versants montagneux. Sortant des champs cultivés, le randonneur entre dans la zone centrale du Parc national, totalement inhabitée et domaine de la forêt tropicale. Véritable manteau vert et luxuriant, la forêt s'étend à perte de vue offrant des paysages majestueux. A la découverte des fougères arborescentes, des arbres géants et des fleurs sauvages, on s'émerveille aussi de la faune, et notamment des différentes espèces d'oiseaux, qui présentent un intérêt certain pour qui sait être patient.

Et puis, pas à pas, le voyage se termine, et la dernière étape renoue avec la civilisation et rejoint les plaines et les plages du Nord.

Starting from the South coast, the GR crosses a variety of reliefs: mountainous ranges, massive and lengthy valleys, usually very steep slopes, a great hydrographic system consisting of large rivers and small streams.

There is a great variety of landscapes in Guadeloupe. This results from the combination of relief, climate and vegetation, with the action of man. Three main types of landscapes, resulting from the human activities, are dominating in the Basse-Terre area: the residual **sugar cane** landscape, over the northeastern plains, the **banana** landscape, in the Capesterre region and along the Côte sous le Vent, and the **food-producing cultures**, represented by creole gardens and orchards. Due to the relief characteristics, the population of Basse-Terre concentrates along the coast.

Contrasting with the surroundings exploited by man, the natural landscape in Guadeloupe consists of varied types of forest, characterized by humidity and altitude. The **dense forest**, little modified by man, still remains on the mountain slopes. When leaving the cultivated fields, the hiker enters the central part of the national park, totally uninhabited and belonging to the tropical forest. The forest extends as a genuine lush green coat, as far as the eye can see, offering a magnificent scenery. As you discover the arborescent ferns, the gigantic trees and wild flowers, you will also be filled with wonder at the fauna, especially the various bird species, of great interest for one who has some patience.

Then, step-by-step, the journey ends and the last stage returns to civilization as it reaches the Northern plains and beaches.

Un riche passé

A rich past

Début de notre ère : peuplement progressif de la Guadeloupe par les paisibles indiens Arawaks venus des côtes d'Amérique du Sud.

At the beginning of this era: peaceful Arawak Indians coming from the South American coasts gradually populated Guadeloupe.

9e et 10e siècles : les indiens Caraïbes envahissent l'île et chassent les Arawaks.

9th and 10th centuries: the Carib tribes invade the island and wipe out the Arawaks.

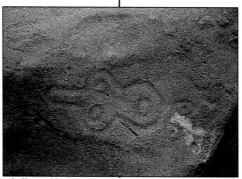

Gravure indienne / Indian engraving. *Photo Denis Bassargette / PNG.*

1493 : Christophe Colomb atteint la Désirade lors de son deuxième voyage. Il découvre ensuite tout l'archipel des Petites Antilles.

1493: Christopher Columbus reaches La Désirade upon his second journey. He then discovers the whole archipelago of the Lesser Antilles.

17e siècle : les Espagnols abandonnent les îles des Caraïbes pour se tourner vers l'Amérique Centrale. Français et Anglais vont se les disputer pendant deux siècles.

17th century: the Spanish leave the Caribbean islands and turn to Central America. The French and the English fight over the islands for two centuries.

1635 : Richelieu crée la Compagnie des Iles d'Amérique et une colonie de Français s'installe sur la côte Ouest de la Guadeloupe.

1635: Richelieu creates the Compagnie des Iles d'Amérique and a French colony settles on the western coast of Guadeloupe.

Buste de Christophe Colomb / Bust of Christopher Columbus. *Photo Rosine Mazin / Top.*

1640 : les plantations de canne à sucre demandent de la main-d'œuvre, la société esclavagiste prend forme. Le commerce «triangulaire» s'organise entre les ports français de l'Atlantique, la Guinée, puis les Antilles.

1644 : la Guadeloupe passe aux mains de seigneurs-propriétaires et commence à produire du sucre.

1664 : Louis XIV et Colbert rachètent les possessions antillaises aux seigneurs-propriétaires et les confient à la Compagnie des Indes.

1674 : l'île est rattachée au domaine royal. Colbert institue le «Pacte colonial». Les colonies françaises doivent commercer exclusivement avec la métropole.

1759-1763 : occupation anglaise de la Guadeloupe, après de nombreux conflits et opérations navales entre Anglais et Français.

1794 : Victor Hugues, commissaire de la République, chasse les Anglais de Guadeloupe. Il répand les idées égalitaires issues de la Révolution Française, et fait appliquer l'abolition de l'esclavage votée par la Convention .

1802 : Louis Delgrès s'insurge contre le projet de rétablissement de l'esclavage. Il se fait tuer avec sa troupe, et devient un héros de la liberté. Bonaparte annule la loi d'abolition de l'esclavage.

1848 : après des années de lutte, Victor Schoelcher obtient l'abolition définitive de l'esclavage aux Antilles.

1854-1885 : l'immigration de travailleurs engagés est organisée majoritairement en provenance d'Inde du Sud, pour remplacer les esclaves émancipés.

1946 : la Guadeloupe devient département français.

1640: the sugar cane plantations requiring labour, the slavery society takes shape. The " triangular " trade organizes between the French Atlantic ports, Guinea, and the Antilles.

1644: Guadeloupe falls into the control of the landowners and starts producing sugar.

1664: Louis XIV and Colbert buy back from the landowners their possesions in the Antilles and entrust them to the Compagnie des Indes.

1674: the island is taken over by the French Crown. Colbert institutes the colonial pact according to which the French colonies are to trade exclusively with metropolitan France.

1759-1763: the English occupy Guadeloupe after many conflicts and naval battles involving the English and the French.

1794: Victor Hugues, a republican administrator, drives back the English from Guadeloupe. He spreads the egalitarian ideas issued from the French revolution and has the abolition of slavery, voted by the Convention, observed.

1802: Louis Delgrès opposes to the re-establishment of slavery. He gets killed with his troop and becomes a liberty hero. Bonaparte cancels the law abolishing slavery.

1848: After struggling for some years, Victor Schoelcher obtains final abolition of slavery in the Antilles.

1854-1885: Labour is hired chiefly from South India to replace the liberated slaves.

1946: Guadeloupe becomes a French department.

Une géographie complexe

A complex geography

Le climat guadeloupéen : chaud et humide

The Guadeloupean climate: hot and rainy

La Guadeloupe est soumise à un climat tropical insulaire chaud et humide de type subéquatorial océanique, c'est-à-dire proche des caractéristiques du climat équatorial et soumis à l'influence de l'océan.

Il est caractérisé par la double influence majeure des flux d'alizés, remarquables par leur régularité, et des mers chaudes baignant l'archipel en permanence.

Guadeloupe has a hot and humid insular tropical climate of the oceanic subequatorial type, that is, of characterics close to that of the equatorial climate and under the influence of the ocean.

It is characterized by the major double influence of the trade winds blowing with a remarkable regularity, and the warm seas continuously bathing the archipelago.

Les saisons sont peu marquées. On peut cependant distinguer :
- une saison chaude et humide ou «hivernage», de mai à décembre
- une saison sèche et plus fraîche ou «carême» de janvier à avril.

The seasons are but little marked. However, there are two:
- a hot and humid season, or " wintering ", from May to December,
- a cooler, dry season, or " lent ", from January to April.

Une température souvent supérieure à 25° !

Temperatures often higher than 25°C!

Les Petites Antilles sont baignées par les eaux les plus chaudes de l'Atlantique, avec une moyenne annuelle de 27° C. Elles influencent de façon notable les températures terrestres qui varient peu au cours de l'année : de 21° à 29° à Pointe-à-Pitre.

The Lesser Antilles are bathed by the warmest waters of the Atlantic, with an annual average of 27°C. The water temperature significantly affects the terrestrial temperatures which vary little throughout the year: from 21°C to 29°C in Pointe-à-Pitre.

Après le soleil…la pluie

After the sunshine … the rain

L'originalité profonde de la Guadeloupe réside dans la grande inégalité régionale de ses pluies, qui expliquent les saisissants contrastes du paysage : depuis les contrées semi-arides jusqu'à la forêt dense d'affinité équatoriale de la Basse-Terre.

The deep originality of Guadeloupe lies in the highly unequal distribution of the rainfalls among the regions, which explains the bewildering contrasts in the landscape: from semi-arid areas up to the dense forest of equatorial affinity, in Basse-Terre.

26

LA CARTE DES PLUIES DE LA GUADELOUPE /
GUADELOUPE RAIN MAP

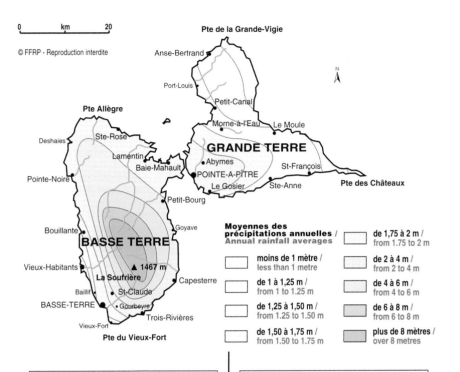

Moyennes des précipitations annuelles /
Annual rainfall averages

- moins de 1 mètre / less than 1 metre
- de 1 à 1,25 m / from 1 to 1.25 m
- de 1,25 à 1,50 m / from 1.25 to 1.50 m
- de 1,50 à 1,75 m / from 1.50 to 1.75 m
- de 1,75 à 2 m / from 1.75 to 2 m
- de 2 à 4 m / from 2 to 4 m
- de 4 à 6 m / from 4 to 6 m
- de 6 à 8 m / from 6 to 8 m
- plus de 8 mètres / over 8 metres

© FFRP - Reproduction interdite

Il pleut plus de 10 m sur le sommet de la Soufrière et moins d'1 m par an en Côte sous le Vent.

More than 10 m of rain fall at the top of La Soufrière, and less than 1 m yearly on the Côte sous le Vent.

Une des caractéristiques du climat tropical : l'humidité

L'humidité moyenne de l'air est d'environ 80 %. A l'intérieur de la forêt dense, toute l'année et en particulier «au vent», l'air reste constamment proche de la saturation. La nébulosité moyenne est de 65 %, elle est plus forte en saison humide, et atteint son maximum en milieu de journée. Ainsi, les montagnes sont la plupart du temps couronnées de masses nuageuses.

A characteristic of the tropical climate: humidity

The average ambient humidity is about 80%. Within the dense forest, all the year round and especially in the wind, the air is continuously near saturation. The average nebulosity is of 65%, being at the highest during the humid season and maximum at midday. The mountains are therefore, most of the time, crowned with clouds.

Les alizés

Les alizés soufflent toute l'année en zone intertropicale. Ils sont caractérisés par la régularité de leur direction et de leur intensité.

Un phénomène naturel violent : le cyclone

Un cyclone est constitué par une masse tourbillonnaire d'air chaud et humide, tournant en sens inverse de celui des aiguilles d'une montre dans l'hémisphère Nord, et dont le centre est caractérisé par une zone calme appelée «l'œil du cyclone». Autour de cet œil, des nuages verticaux, denses, «le mur de l'œil», provoquent de très fortes précipitations et des vents très violents, pouvant dépasser 200 km/h. A la périphérie, se forme une grande étendue nuageuse convergeant en bandes spirales vers le centre ; si elle est très importante dans l'Est et le Sud-Est du cyclone (c'est-à-dire derrière lui), elle est appelée «queue de cyclone».

En 1995, deux cyclones successifs firent de nombreux dégâts en Guadeloupe : «Luis» dont la houle et les vents forts ont détruit les côtes notamment en Basse-Terre et dans les îles du Nord, et «Marylin» dont les coulées de boue dues aux fortes pluies ont dévasté les communes de la Côte-sous-le-Vent.

Une terre jeune

Au sens géologique du terme, la Guadeloupe est une terre jeune, d'ailleurs actuellement non stabilisée et capable de présenter à l'homme attentif quelques-uns des phénomènes de la vie interne de notre planète. Les théories récentes paraissent, on le sait, bien confirmer l'intuition de Wegener au début du siècle sur la dérive des conti-

The trade winds

The trade winds blow all through the year in the intertropical area. They are characterized by the consistency of their direction and force.

A violent natural phenomenon: the cyclone

A cyclone consists of a whirling mass of hot humid air, which rotates counter-clockwise in the northern hemisphere, having a quiet central area called the " cyclone eye ". Around the eye, are vertical, dense clouds, " the eye wall ", which cause heavy showers of rain and violent winds which can exceed 200 km per hour. Around, a large cloud system spreads and gathers toward the center into spiral stripes; when it is very large at the East and South-East of the cyclone (that is, behind it), it is called the " cyclone tail ".

In 1995, two successive cyclones caused a lot of damage in Guadeloupe: " Luis ", whose swell and strong winds destroyed the coast, especially in Basse-Terre and on the northern islands, and " Marylin " whose mudslides due to heavy rain devastated the villages on the Côte-sous-le-Vent.

A young land

In the geological sense, Guadeloupe is a young land, which is not yet stabilized and therefore shows to the attentive person some of the phenomena taking place inside our planet. It is well known that the latest theories seem to confirm Wegener's intuition at the beginning of the century, that the continents drifted and that Latin

nents, et l'Amérique Latine est bien un morceau d'Afrique entraîné vers l'Ouest. Mais la plaque caraïbe, presqu'entièrement immergée, n'a été active, à ses frontières, qu'à partir de l'ère tertiaire.

America was a portion of Africa which had drifted West. But the Caribbean plate, almost entirely immersed, became active, at its borders, only since the Tertiary era.

Une région volcanique : la Basse-Terre

Beaucoup plus récemment, c'est-à-dire à la fin de l'ère tertiaire, durant la période Plio-Pléistocène (il y a seulement cinq millions d'années !), apparut la Guadeloupe proprement dite (et les autres îles de l'arc «interne» de l'archipel caraïbe comme par exemple la Dominique, Montserrat ou Saint-Christophe). Cette nouvelle phase volcanique a constitué toute notre chaîne de montagne de la Basse-Terre.

A volcanic region: Basse-Terre

Far more recently, at the end of the tertiary era, during the Plio-Pleistocene period (only five million years ago!), did the proper Guadeloupe archipelago appear (along with the other islands of the " inside " arc of the Caribbean archipelago, such as, e. g. La Dominique, Montserrat, or Saint-Christophe). This new volcanic phase built up all the present mountainous range of Basse-Terre.

Vue sur la partie Nord de la Basse-Terre / View of the Northern part of Basse-Terre.
Photo Denis Bassargette / PNG.

Les parties les plus anciennes, au Nord, sont aujourd'hui inactives, mais tout le Sud du Massif a, au contraire, connu une activité intense durant la période quaternaire et actuelle. La Soufrière, au sens large, s'est construite depuis 100 000 ans environ. Le dôme Soufrière au sens strict est actif depuis le 15e siècle de notre ère. C'est le seul volcan actif de l'île. Se manifestant de temps à autre, cette Soufrière de la Guadeloupe (car ce même nom a été donné aux volcans actifs dans la quasi-totalité des îles) est, avec ses 1 467 m, le point culminant des Petites Antilles.

Le reste du massif du Sud de la Guadeloupe est composé de laves claires, andésitiques, généralement visqueuses et épaisses, qui forment l'enracinement du massif central, et qui facilitent la formation d'impressionnantes chutes d'eau qui ponctuent le massif.

Le massif de la Soufrière est composé de différents dômes volcaniques, dont le Nez-Cassé au Nord-Ouest, et la Madeleine au Sud-Est ; cette dernière restant l'un des plus imposants de la Guadeloupe.

La partie méridionale de la Guadeloupe proprement dite appartient tout entière à un volcanisme presque aussi jeune, mais qui a fourni des roches géologiquement plus diversifiées.

L'ensemble des Monts Caraïbes, au relief jeune, marqué par une érosion active et engendrant des arêtes vives et des vallées encaissées, est surtout composé de roches à tendance basaltique (laves fluides de couleur très sombre), et de débris de maars (cendres et lapillis) accumulés parfois sur de grandes épaisseurs au niveau de la mer.

The oldest parts, in the North, are nowadays inactive, but the whole South of the massif has known some intense activity during the Quarternary and current periods. La Soufrière at large was built about 100,000 years ago. The Soufrière volcanic dome, strictly speaking, has been in activity since the 15th century A.D. It is the only active volcano on the island. This guadeloupean " soufrière " (this name has been given to all the active volcanos of almost all the islands) has occasional activity and with its 1,467 m, it is the highest point of the Lesser Antilles.

The rest of the southern massif of Guadeloupe consists of clear, andesitic, generally viscous and thick lavas which make up the root of the central massif and facilitate the formation of impressive waterfalls sprinkling the massif.

The Soufrière massif consists of several volcano domes, such as the Nez-Cassé in the North-West, and La Madeleine in the South-East, which is one of the most impressive in Guadeloupe.

The southern part of Guadeloupe belongs in its entirety to nearly as young a volcanism, but which has provided more geologically varied rocks. All the Caribbean mounts, with young relief, marked by active erosion producing sharp ridges and steep valleys, mainly consist of basalt-based rocks (fluid lavas of very dark shades) and maars fragments (cinder and lapilli), sometimes stacked in great thicknesses at sea level.

Sur la trace des alizés / Along the trade Winds trace. *Photo Denis Bassargette / PNG.* ▶

IGN carte nº 4606 G

Premier jour / First day

Vieux-Fort / Gîte des Étangs

Vieux-Fort to Gîte des Etangs

5 h / 5 hrs

Altitude maximum / Maximum altitude : **560 m**

Dénivelés / Slopes : montée / up: **930 m,**

descente / down: **550 m**

Gîte des Étangs

Vieux-
Fort

Vieux-Fort

(1) Le GR G1 débute au phare de Vieux-Fort ; il emprunte la route jusqu'à une intersection. Tourner à gauche, puis s'engager à droite dans la voie sans issue qui mène à des escaliers ; les gravir. Traverser la D6, puis monter par une route passant par Derrière le Morne avant d'atteindre, près d'un réservoir, un

25 min • pylône • 180 m

Point de vue

L'itinéraire suit la route qui redescend sur la droite jusqu'à un pont.

(2) Prendre à gauche la trace Vieux-Fort - Champfleury. Grimper le morne Caca, puis passer successivement les ravines Lacroix et Bogard en négligeant deux sentiers à gauche, puis deux à droite. Atteindre une

(3) **1 h 20 • intersection • 300 m**

▶ Le sentier de droite descend à Beauséjour.

La trace continue pentue et glissante et traverse les ravines Grand-Fond et Déjeuner *(point d'eau)*. Monter le long d'un talweg avant d'atteindre un palier riche en bambou précédant le

1 h • col de Gros Acajou • 520 m

Vieux-Fort

(1) GR G1 begins at the lighthouse of Vieux-Fort; it follows the road up to a junction. Turn left, then take the dead end to the right up to the stairs; climb the stairs. Cross the D6, then walk up the road through Derrière le Morne until you reach, near a tank, a:

25 min • pylon • 180 m

Viewpoint

The route follows the road down the right, leading to a bridge.

(2) Take to the left the Vieux-Fort - Champfleury trace (path). Climb the Caca morne (hill), then past the Lacroix and Bogard gullies, leaving aside two paths to the left, then two to the right, up to a:

(3) **1 hrs 20 • junction • 300 m**

▶ The path on the right goes down to Beauséjour.

The trace continues, steep and slippery, through the Grand-Fond and Déjeuner *(water supply)* gullies, successively. Climb along a thalweg before reaching a flat with many bamboo trees preceding the:

1 hr • Gros Acajou pass • 520 m

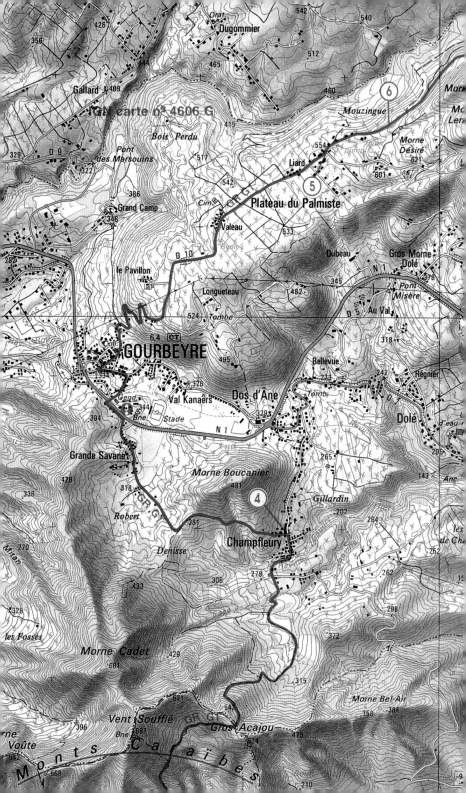

Redescendre à gauche par une portion boueuse laissant place à une voie cimentée passant devant AGGISPA, puis atteindre une première intersection. Continuer tout droit jusqu'à la deuxième intersection pour entrer dans

Climb down the left, first through a muddy section, then a cemented way going along AGGISPA, and reach a first junction. Proceed straight on up to the second junction to enter:

15 min • Champfleury • 280 m

15 min • Champfleury • 280 m

④ Prendre à gauche la forte pente qui mène au col Denisse (370 m) *(point de vue)*, près du morne Boucanier.

④ Take to the left the steep slope leading to the Denisse pass (370 m) (*viewpoint*) near the Boucanier *morne*.

Le GR redescend vers Grande-Savane que l'on traverse. Prendre, à 200 m de la route nationale, une voie sans issue. Le GR passe devant la gendarmerie pour rejoindre le bourg. Tourner à gauche pour atteindre l'hôtel de ville de

The GR goes down through Grande-Savane. 200 m from the main road, enter the dead end. The GR passes along the *gendarmerie* before reaching the village. Turn left toward the community center of:

1 h 05 • Gourbeyre • 330 m

1 hr 05 • Gourbeyre • 330 m

Le GR suit la D 10 en direction de Palmiste *(on peut trouver un carbet - table, bancs- et point de vue)* et passe aux hameaux de Valeau et Liard.

The GR follows the D10 to Palmiste (*there is a* carbet - *table and benches - and viewpoint*) and passes through the hamlets of Valeau and Liard.

⑤ Prendre à gauche la route qui mène à Moscou en direction de la trace des Etangs et, peu après un réservoir, atteindre le

⑤ Take to the left the road which goes to Moscou toward the Etangs trace and, shortly after the tank, to:

⑥ **55 min • Gîte des Etangs • 560 m**

⑥ 55 min • Gîte des Etangs • 560 m

La banane

The banana

La banane appartient à la famille des musacées *(Mosa Acuminata)*. Originaire d'Asie du Sud-Est, le bananier était déjà connu des Amérindiens avant la colonisation. Au début du 20e siècle, la monoculture du bananier s'est développée sur la Basse-Terre, région bananière naturelle ; ailleurs, l'irrigation est nécessaire. Le voyageur constate aisément cette monoculture de la banane, de Capesterre à Vieux-Habitants, ainsi que son influence sur la toponymie, avec par exemple le bourg de "Bananier". De nos jours, la banane est le premier produit d'exportation de la Guadeloupe.

The banana belongs to the musaceae family (Mosa Acuminata). The banana tree, originating from southeastern Asia, was already known by the Amerindians before colonization. At the beginning of the 20th century, the monoculture of the banana tree developed on Basse-Terre, a natural banana region; elsewhere, irrigation was required. The traveller will easily observe this banana tree monoculture from Capesterre to Vieux-Habitants, as well as its influence on the toponymy, with, for example, the " Bananier " village. Nowadays, the banana is the top of the export products in Guadeloupe.

Rosine Mazin / Top Guadeloupe collection A. et P. Cherdieu.

La bananeraie n'est pas replantée chaque année. Après avoir donné son régime, le bananier est abattu, un rejeton issu de la souche le remplace et le cycle recommence. Des gaines de polyéthytlène sont posées sur le régime pour éviter le grattage des fruits par les feuilles et diminuer l'attaque des insectes.

The banana fields are not replanted each year. After producing its cluster, the banana tree is felled and a shoot from the stump replaces it and the cycle resumes. Polyethylene sleeves are placed on the cluster to prevent the leaves from scratching the fruit and to reduce attacks by insects.

La récolte se fait trois mois après l'inflorescence, on obtient un régime tous les neuf mois en moyenne. Les régimes peuvent porter jusqu'à quinze pattes, chacune offrant une vingtaine de fruits.

Harvesting takes place three months after the inflorescence. A cluster is obtained in an average of nine months. The clusters can bear up to fifteen palms, with a score of fruits on each.

Le bananier a des besoins hydriques élevés, plus de 1 800 mm d'eau par an, ainsi que des températures élevées (environ 25 °).

The banana tree has great needs of water: over 1,800 mm of water per year, and it also needs high temperatures (about 25°C).

Pendant longtemps culture vivrière, le bananier est aujourd'hui cultivé dans d'immenses plantations où la récolte s'échelonne sur toute l'année. Traditionnellement coupés à la main, les régimes sont ensuite acheminés jusqu'à la station d'emballage. Débités en paquets de quatre à six bananes, les fruits sont lavés à grande eau, passés dans un bain fongicide et emballés.

Il existe de nombreuses variétés de banane que l'on consomme localement comme légumes, après les avoir fait cuire encore vertes. La plus fréquemment cultivée et la seule qui soit exportée est le "poyo", légume quand il est vert et dessert une fois mûr.

For a long time held as a food-producing culture, banana trees are now cultivated in huge plantations where harvests extend throughout the year. The clusters, traditionally cut by hand, are then conveyed to the packaging station. They are cut up into packs of four to six bananas which are rinsed in water, immersed in a fungicidal bath, and packed.

There are many banana varieties which are locally eaten as a vegetable, cooked after being picked up still green. The most commonly cultivated species, and the only one to be exported, is the " poyo ", eaten green as a vegetable, and ripe for dessert.

Régime de bananes /
Banana cluster
Photo
Denis Bassargette /
PNG.

Deuxième jour / Second day
Gîte des Etangs / La Citerne
Gîte des Etangs to La Citerne
5 h 30 / 5 hrs 30
Altitude maximum / Maximum altitude : 860 m
Dénivelés / Slopes : montée /up : 720 m,
descente / down : 400 m

---

⑥ **Gîte des Etangs • 560 m**

Le GR suit la route menant à Moscou, passe devant un chenil et une pépinière avant de franchir un ponceau. Passer devant les hangars d'une habitation bananière que l'on traverse.

Par beau temps, vue sur le volcan de la Citerne.

Le chemin se rétrécit pour devenir sentier.

⑦ Suivre la trace Citerne-Etangs. Traverser un ravineau et poursuivre sur une portion boueuse. Grimper sur les flancs du morne Boudoute, puis, par une descente progressive, parvenir à

1 h 10 • l'étang de l'As de Pique • 748 m

Le GR longe la rive du plan d'eau jusqu'à son déversoir pour amorcer une descente *(délicate par endroits)*. Elle se poursuit sur une trace en lacets qui traverse des racines de gommiers blancs, bois rouges carapates, d'acomats boucans et conduit au Grand Etang. Le contourner par la droite, franchir à trois reprises le lit divisé des ruisseaux émissaires de l'As de Pique, des étangs Madère et Roche. Poursuivre jusqu'au

⑧ **2 h 30 • Grand Etang • 400 m**

Point de vue.

---

⑥ **Gîte des Etangs • 560 m**

The GR follows the road to Moscou, passes along kennels and a nursery before crossing a small bridge. Walk along the sheds of a banana plantation and through the plantation.

In good weather, view over the La Citerne volcano.

The path narrows.

⑦ Follow the Citerne-Etangs trace. Cross a small ravine and proceed over a muddy section. Climb up the side of the Boudoute morne, then gradually down to the:

1 hr 30 • As de Pique pond • 748 m

The GR goes along the pond bank, up to its overflow, then down a slope *(difficult in some places)*. The slope continues with a trace winding through white gum tree roots, *carapate* red woods, *acomats boucans* and leading to Grand Etang. Walk round the pond on the right, cross three times the divided bed of the streams making up the As de Pique, Madère and Roche ponds. Walk on to:

⑧ **50 min • Grand Etang • 400 m**

Viewpoint.

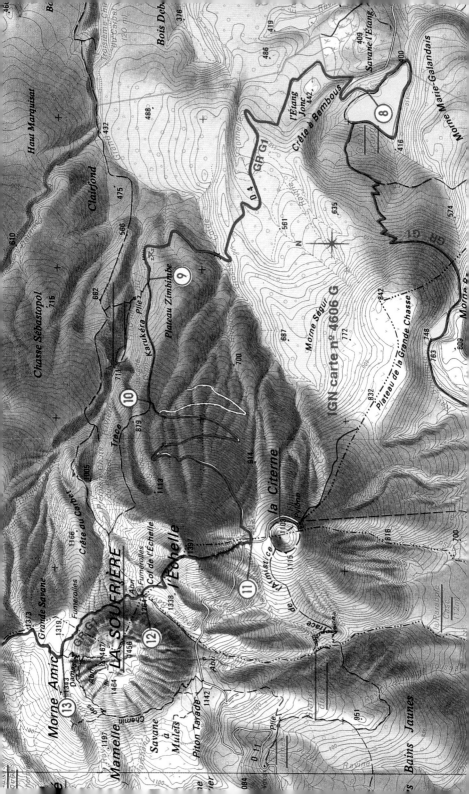

Le GR emprunte la route. A l'intersection, prendre à gauche en direction de l'aire de pique-nique des

55 min • chutes du Carbet • 600 m

Point de vue. Aire de pique-nique.

Le GR suit sur environ 400 m le sentier qui mène aux chutes.

(9) Prendre à gauche la trace Karukéra. Par une monteé soutenue à travers des racines, dans un sentier boueux *(quelques passages délicats par endroits)*, atteindre le lacet de l'ancienne piste de la Citerne, sur la gauche. Suivre cette piste sur 150 m jusqu'au carbet de bivouac de

(10) **55 min • La Citerne • 860 m**

The GR takes the road. At the junction, go left to the picnic area of the:

50 min • Garbet waterfalls • 600 m

Viewpoint. Picnic area.

The GR follows the path leading to the falls over about 400 m.

(9) Take to the left the Karukéra trace. Walk up a steep muddy path (*some difficult places*) to the sharp bend of the old Citerne trace, on the left. Follow the trace over 150 m until you reach the *carbet de bivouac* of:

(10) **1 hr • La Citerne • 860 m**

La mangouste

La mangouste appartient à la famille des viverridés *(Herpestes auropunctatus)*, mammifères carnivores de petite taille, au corps allongé, au museau pointu.

Introduite en Guadeloupe en 1884, afin d'essayer de limiter les populations de rats qui causaient de gros dégâts dans les champs de canne à sucre, la mangouste est facilement reconnaissable à son pelage fauve. Elle est basse sur patte et mesure 60 cm de long. Farouche et très agile, elle a un régime alimentaire très éclectique : insectes, rongeurs, crabes, crustacés, oiseaux , reptiles.

Elle s'est multipliée rapidement en Guadeloupe car elle n'a pas de prédateur naturel. En fait, son introduction s'est avérée être une grave erreur écologique et, dans les années 70, une campagne de destruction des nuisibles, visant à réduire leur nombre, a été lancée.

The mongoose

The mongoose, easily recognizable by its tawny fur, was introduced in Guadeloupe to try to reduce the rat population which caused much damage in the sugar cane fields. It has short legs and it is 60 cm long. Shy and very nimble, mongooses have a varied food: insects, rodents, crabs, shellfish, birds, reptiles.

They have rapidly multiplied in Guadeloupe because they have no natural predators. The introduction of mongooses turned out to be a terrible ecological mistake and, in the seventies, a campaign was launched for the destruction of pests to reduce their number.

The mongoose belongs to the Herspestes auropunctatus family, carnivorous mammals of small size, with a long body and a pointed nose.

LES VOLCANS DE BASSE TERRE /
THE VOLCANOS OF BASSE-TERRE

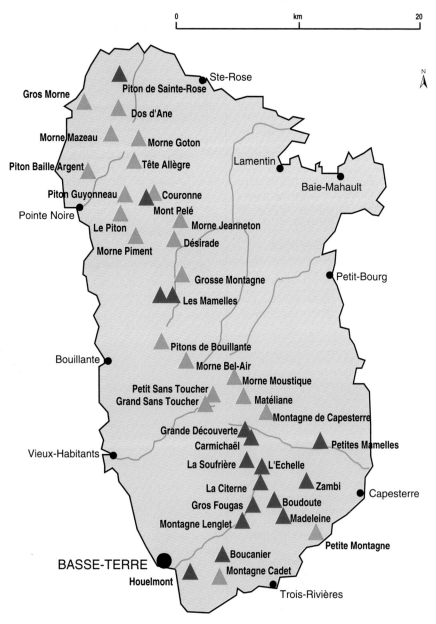

0   km   20

Ste-Rose

Piton de Sainte-Rose

Gros Morne

Dos d'Ane

Morne Mazeau

Morne Goton

Piton Baille Argent

Tête Allègre

Lamentin

Piton Guyonneau

Couronne

Baie-Mahault

Mont Pelé

Pointe Noire

Le Piton

Morne Jeanneton

Morne Piment

Désirade

Grosse Montagne

Petit-Bourg

Les Mamelles

Pitons de Bouillante

Bouillante

Morne Bel-Air

Morne Moustique

Petit Sans Toucher

Grand Sans Toucher

Matéliane

Montagne de Capesterre

Grande Découverte

Petites Mamelles

Vieux-Habitants

Carmichaël

La Soufrière

L'Echelle

Zambi

La Citerne

Capesterre

Gros Fougas

Boudoute

Montagne Lenglet

Madeleine

Petite Montagne

BASSE-TERRE

Boucanier

Montagne Cadet

Houelmont

Trois-Rivières

 centre volcanique / volcanic center

sommet montagneux / mountain tops

Les volcans

L a Guadeloupe fait partie des Petites Antilles. C'est un ensemble d'îles essentiellement volcaniques, disposées en forme d'arc sur 750 km du Nord au Sud, qui séparent la mer des Antilles de l'océan Atlantique. Beaucoup de ces volcans sont aujourd'hui éteints. L'activité persiste toutefois dans certaines de ces îles.

Quelques éruptions historiques depuis la fin du 15e siècle ont entrecoupé les longues périodes de calme que connaissent ces volcans, marquées seulement par des manifestations fumerolliennes d'ampleur variable.

Ile volcanique, la Basse-Terre possède un volcan célèbre car encore actif : la Soufrière.

Le nouvel observatoire volcanologique de la Soufrière, inauguré en 1993, est installé sur le Houelmont, un des sommets du Sud de l'île. C'est un laboratoire déconcentré de l'Institut de physique du globe de Paris. Ses deux missions principales sont orientées vers l'observation continue de la zone volcanique récente et active et la modélisation des phénomènes observés ; la détection et l'étude des manifestations sismiques régionales et locales en vue de leur interprétation.

The volcanos

G uadeloupe is part of the Lesser Antilles. These are a string of mostly volcanic islands, aligned in an arc over 750 km from North to South, separating the Caribbean Sea from the Atlantic ocean. Many of the volcanos are now extinct. The activity, however, persists on some of the islands.

Since the end of the 15th century, a number of historical eruptions have sprinkled the long periods of calm known by the volcanos, marked only by smoke and gas outbursts of variable amplitudes.

The volcanic island of Basse-Terre has a volcano which is famous, since is still in activity: La Soufrière.

The new volcanological observatory of La Soufrière, inaugurated in 1993, has been settled on the Houelmont, one of the mounts at the South of the island. This is a remoted laboratory of the Institut de physique du globe de Paris. Its two missions are chiefly to continuously observe the recent and active volcanic area and to model the observed phenomena; the detection and survey of the regional and local seismic signs for the purpose of interpretation.

La Soufrière

Altitude : 1 467 m

Morphologie :
dôme de 300 m de diamètre situé dans un alignement de volcans (Grande Découverte, Carmichaël, la Soufrière, l'Echelle, la Citerne), la Soufrière est une montagne constituée de laves massives (chutes du Carbet, saut du Galion) et d'éléments pyroclastiques. L'activité fumerollienne, signalée dès 1635, est permanente.

Dernières éruptions :
1956 et 1976

Types de ces éruptions :
phréatique

La Soufrière

Altitude: 1,467 m

Morphology:
La Soufrière, a 300 m diameter dome located in a string of volcanos (Grande Découverte, Carmichaël, La Soufrière, l'Echelle, La Citerne), is a mountain made of massive lavas (Chutes du Carbet, Saut du Galion) and pyroclastic elements. The smoke and gas activity, mentioned since 1635, is continuous.

Latest eruptions:
1956 and 1976.

Eruption types:
phreatic

La Soufrière. *Photo Denis Bassargette / PNG.*

Le cratère Sud de
La Soufrière /
The South crater of
La Soufrière.
*Photo
Jean-Michel Renault.*

Signes précurseurs :
activité sismique anormale

Manifestations :
réouverture de fractures, pro-jection de gaz, vapeurs, pous-sières, et blocs de roches anciennes

Éruptions phréatiques :
elles ont essentiellement pour origine l'apport calorifique dû à la proximité d'une masse magmatique. Il en résulte le réchauffement jusqu'à vapo-risation des eaux souter-raines. Projection de pous-sières et de blocs à quelques kilomètres, dues à la surpres-sion de vapeur d'eau à l'inté-rieur du volcan.
La température des gaz et matériaux ne dépasse pas 100 à 200 °. Ces éruptions sont relativement brèves et peu-vent se répéter plusieurs fois par jour.

**Appartenance à
un ensemble :**
l'arc Antillais

Preliminary signs:
an abnormal seismic activity.

Manifestations:
reopening of fractures, pro-jection of gases, steam, dust and ancient rock blocks.

Phreatic eruptions:
These chiefly originate from the heat generated by the vicinity of a magmatic mass. It results in the heating, up to steam, of the underground waters. Dust and blocks are projected over a few kilo-metres around, due to the overpressure applied by the steam inside the volcano.
The temperature of the gases and materials does not exceed 100 to 200°C. These eruptions last for a rather short time and can repeat several times a day.

Belonging to a group:
the Caribbean arc.

45

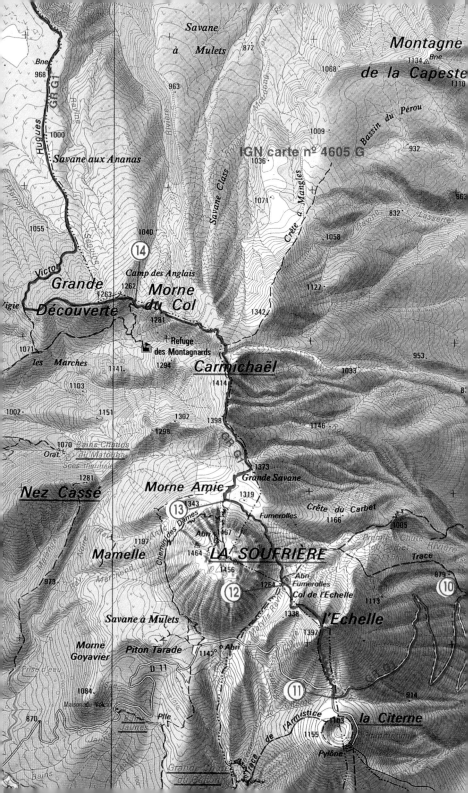

Troisième jour / Third day
La Citerne / Morne Frébault
La Citerne to Morne Frébault
7 h 30 / 7 hrs 30
Altitude maximum / Maximum altitude : 1 414 m
Dénivelés / Slopes : montée /up : 950 m,
descente / down : 650 m

Morne Frébault
La Citerne

(10) **La Citerne • 860 m**

Le GR suit un sentier en lacets, vestige des travaux d'un chantier abandonné *(lors de l'éruption de 1976)* qui devait relier l'aire de pique-nique des chutes à La Soufrière, sur la gauche du massif de L'Echelle.

Dans la montée, points de vue sur la Grande Terre.

(11) Emprunter à droite une route sur environ 50 m puis s'engager à droite dans un sentier en lacets qui mène à

1 h 20 • L'Echelle • 1 397 m

Le GR continue tout droit pour redescendre par le morne Mitan en passant devant le Tabouret du Diable, puis l'ancien abri géophysique.

(12) Prendre à droite et passer devant le rocher fracturé au col de L'Echelle. La trace contourne le volcan de La Soufrière en prenant à gauche à chaque intersection jusqu'à une

(13) **1 h • bifurcation • 1 310 m**

Le GR emprunte à droite la trace menant au sommet du

40 min • Carmichaël • 1 414 m

Par un parcours vallonné et boueux, se poursuivant par une descente raide et glissante *(attention aux chutes)*, parvenir à un col (1 150 m).

(14) Prendre à droite pour gravir le sommet de la

35 min • Grande Découverte • 1 280 m

(10) **La Citerne • 860 m**

The GR follows a winding path remaining from an old worksite *(dating from the time of the 1976 eruption)*, which probably used to connect the picnic area of the waterfalls to La Soufrière, to the left of the Massif de l'Echelle.

Up the slope, viewpoints over Grande-Terre.

(11) Take the road on the right over about 50 m, then turn right into a winding path leading to:

1 hr 20 • L'Echelle • 1,397 m

The GR goes straight on and down the morne Mitan, along the front of Le Tabouret du Diable, then along the old geophysical shed.

(12) Turn right along the fractured rock at the Col de l'Echelle. The trace skirts round the volcano of La Soufrière. Turn left at each junction, up to a:

(13) **1 hr • junction • 1,310 m**

The GR takes to the right the trace leading to the summit of the:

40 min • Carmichaël • 1,414 m

Through a hilly and muddy route, followed by a steep and slippery slope *(take care not to fall over)*, walk to a pass (1,150 m).

(14) Turn right to climb to the summit of:

35 min • Grande Découverte • 1,280 m

Au cœur de la Savane aux Ananas
/ At the heart of the Savane aux
Ananas.
Photo Denis Bassargette / PNG.

Le GR redescend vers La Vigie (1 160 m), puis bifurque à droite. Parcours commun avec la trace Victor Hugues *(divers points d'eau)*. Par une descente glissante *(passages délicats)* parvenir à la Savane aux Ananas où un point géodésique marque, au milieu de la trace, l'altitude inférieure (968 m). Le sentier devient tapis de mousse, puis, rocailleux, il s'élève vers le col du

2 h • morne Bontemps • 1 183 m

Négliger le sentier de droite, prendre à gauche celui qui mène aux sommets des Grand et Petit Sans Toucher. La trace chemine dans les méandres et fondrières des flancs du Sans Toucher *(redoubler de vigilance lors de franchissement des ravineaux)*, puis traverse la

1 h • Savane l'Herminier • 1 150 m

⑮ Le GR longe les flancs du morne à Mitre, puis ceux de la Matéliane *(passage délicat avec câble à l'approche de l'emplacement de l'ancien refuge de Matéliane)*. Dépasser ces vestiges et atteindre un petit col.

▶ Une courte descente vers la droite permet de rejoindre une source d'eau potable.

⑯ Continuer tout droit et poursuivre vers le morne Incapable (ou Frébault) que l'on atteint à travers une savane herbacée. Gagner le carbet de bivouac du

⑰ **55 min • morne Frébault • 1 100 m**

The GR Goes down La Vigie (1,160 m), then to the right. It follows the Victor Hugues trace *(several water supplies)*. Walk down a slippery slope *(difficult places)*, to La Savane aux Ananas where a geodesic point marks, in the middle of the trace, the lower altitude (968 m). The path turns into a moss, and becomes rocky and climbs toward the pass:

2 hrs • morne Bontemps • 1,183 m

Leave aside the path on the right, turn left into the path leading to the Grand and Petit Sans Toucher summits. The trace winds through the bends and potholes on the sides of the Sans Toucher *(be very careful when crossing the ravines)*, then crosses the:

1 hr • Savane l'Hermitier • 1,150 m

⑮ The GR goes along the sides of the morne à Mitre, then the sides of la Matéliane *(difficult stage with a cable near the place of the old refuge of Matéliane)*. Walk past the ruins to reach a small pass.

▶ A short slope to the right leads to a drinkable water spring.

⑯ Walk straight on to the morne Incapable (or Frébault) through a herbaceous savanna. Reach the *carbet de bivouac* of:

⑰ **1hr 10 • morne Frébault • 1,100 m**

La végétation d'altitude

L a hauteur de la végétation diminue quand l'altitude augmente. Ce phénomène est dû au fait que plus l'altitude est élevée, plus les conditions climatiques sont rudes.

Au-dessus de 1 000 m, les températures sont relativement basses (vents), les précipitations annuelles sont très élevées (8 à 10 m), le brouillard est présent environ 350 jours par an, les vents sont fréquents et violents (10 m/s), et le sol très acide (PH 4 à 5).

La végétation d'altitude se compose de trois types de végétation : **les prairies et tourbières**, **les savanes d'altitudes** et **la forêt rabougrie**.

Prairies et tourbières : sur les plus hauts sommets (ex : Soufrière), seule la strate herbacée apparait (mousses, fougères). On y distingue **les prairies aquatiques** dans les cuvettes engorgées, et **les tourbières à sphaignes** dans les secteurs mieux drainés.

The mountain vegetation

T he vegetation height decreases at the altitude increases. This is due to the fact that, the higher the altitude, the rougher the climatic conditions.

Above 1,000 m, the temperature range is rather low (winds), the annual rainfalls very high (from 8 to 10 m), fog is present about 350 days per year, winds are frequent and violent (10 m per second) and the soil very acid (PH from 4 to 5).

The mountain vegetation includes three types: **the grasslands an peat bogs, the mountain savannahs and the stunted forest.**

Grasslands and peat bogs: over the highest summits (e.g. La Soufrière), only the herbaceous layers show (moss, ferns). There are the **watery grasslands** in the basins filled with water, and the **sphagna peat bogs** in better drained areas.

Végétation d'altitude / Mountain vegetation. *Photo Rosine Mazin / Top.*

Savanes d'altitude : elles se composent de trois types de végétation suivant l'exposition du terrain. En milieux abrités, on trouve **le mangle montagne**, et en milieux exposés, **la palmeraie naine à choux palmiste** et **les savanes à ananas.**

La forêt rabougrie : c'est une forêt de transition entre forêt hygrophile et la savane, qui peut descendre à moins de 200 m sur des sommets isolés et exposés aux vents violents. Elle est composée de certaines espèces de la forêt hygrophile, sous forme naine en Basse-Terre telles que **l'olivier-montagne** (de 2 m en forêt hygrophile à 1,20 m en forêt rabougrie) et **le mangle montagne** (de 8 m à quelques dizaines de cm) et d'espèces qui lui sont propres, telles que **le petit citronnier.**

Altitude savannas: these consist of the following three types of vegetation which are found according to the terrrain. In shedded areas, is the *mangle montagne* (mountain mangrove), and in exposed areas, the ***palmeraie naine à choux palmiste*** (dwarf palm cabbages) and the **pineapple savannas.**

La forêt rabougrie (the stunted forest): this is a forest making the transition between the hygrophilous forest and the savanna, which is found down to less than 200 m on isolated summits exposed to strong winds. It consists of some species of the hygrophilous forest, under dwarf form in Basse-Terre such as the *olivier-montagne* (mountain olive tree) (2 m high in the hygrophilous forest, and 1.20 m in the stunted forest and the *mangle montagne* (mountain mangrove) (from 8 m high to a few dozen cm) and species which are not specific, such as the *petit citronnier* (small lemon tree).

L'ÉTAGEMENT DE LA VÉGÉTATION DE BASSE-TERRE / *VEGETATION LAYERS IN BASSE-TERRE*

prairies et tourbières / grassland and peat bogs

forêt rabougrie et savane d'altitude / stunted forest and mountain savannah

forêt hygrophile / hygrophilous forest

forêt mésophile / mesophilous forest

forêt xérophile / xerophilous forest

coupe topographique du segment indiqué en rouge / topographic section at the segment marked in red

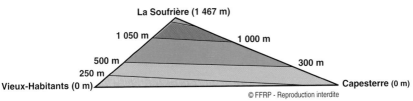

© FFRP - Reproduction interdite

51

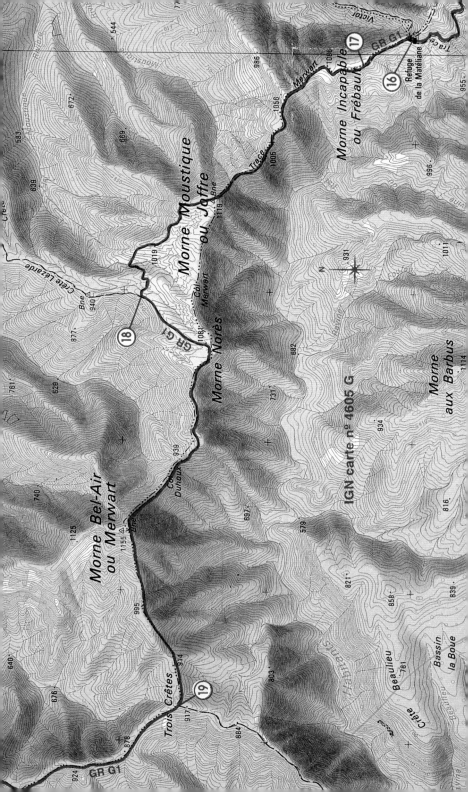

Quatrième jour / Fourth day
Morne Frébault / Trois-Crêtes
Morne Frébault to Trois-Crêtes

4 h 30 / 4 hrs 30

Altitude maximum / Maximum altitude : 1 155 m
Dénivelés / Slopes : montée /up : 430 m,
descente / down : 340 m

Trois-Crêtes

Morne Frébault

(17) **Morne Frébault • 1 100 m**

La trace suit la ligne de crête pleine de blocs rocheux et de fondrières. Poursuivre vers le morne Moustique (ou Joffre) que l'on gravit par un étroit couloir, qui est aussi le passage d'eau de pluie.

▶ La descente qui suit nécessite beaucoup d'attention et de vigilance malgré son aspect anodin en lacets jusqu'à une source de la rivière Moustique.

Le GR remonte légèrement, puis, par une portion assez plate précédant la deuxième source de la rivière Moustique, atteint une

(18) **2 h • bifurcation • 980 m**

Laisser à droite la trace Merwart et suivre, à gauche, la trace Marcel Duhoux. Par une montée aisée, devenant soutenue à l'approche du morne Norès, suivie de passages sur des crêtes rocheuses, précédant une descente mouvementée, le GR parvient au

45 min • col Duhoux • 939 m

Le sentier gravit progressivement la forte pente qui mène au

15 min • morne Bel Air • 1 155 m

Descendre le long de la ligne de crête (vue plongeante), puis atteindre un fond. Par un parcours tourmenté en sous-bois, aux travers de ravines, parvenir au carbet de bivouac des

(19) **1 h 30 • Trois-Crêtes • 917 m**

(17) **Morne Frébault • 1100 m**

The trace follows the watershed which is full of rocks and potholes. Walk on towards the morne Moustique (or Joffre) and climb through a narrow pass which is also the rainwater flowing way.

▶ Climb down the next slope with utmost care and attention, although it looks as an easy winding path, down to a spring of the river Moustique.

The GR goes slightly up, then has a rather flat section before reaching the second spring of the river Moustique and a:

(18) **2hrs • fork • 980 m**

Leave to the right the Merwart trace and follow, to the left, the Marcel Duhoux trace. Up an easy slope becoming steep when nearing the morne Norès, and followed by rocky ridges, then by a rough slope down, the GR reaches the:

40 min • Duhoux pass • 939 m

The path gradually climbs the steep slope leading to the:

20 min • Morne Bel Air • 1,155 m

Walk down via the watershed (down view) to reach the valley. Through a tortured undergrowth route, through gullies, reach the *carbet de bivouac of:*

(19) **1 hr 15 • Trois-Crêtes • 917 m**

Les ouassous, crevettes d'eau douce

L'origine supposée du nom serait une déformation de "roi de la source". Capturées en grande quantité dans les rivières de Guadeloupe, les populations écrevisses sont aujourd'hui protégées grâce à l'interdiction de la pêche dans le Parc National. En effet, il n'existe pas de loi pêche en vigueur pour le département de la Guadeloupe.

Les adultes vivent en eau courante, près des abris rocheux. On les rencontre au-dessus de nombreuses chutes : troisième chute du Carbet, Saut de la Lézarde... Grâce à leurs chambres branchiales, capables de garder l'humidité, les ouassous peuvent séjourner hors de l'eau un certain temps ; cela leur permet de remonter les rivières sur de grandes distances et de contourner par voie terrestre des obstacles variés.

Omnivores, ils se nourrissent d'animaux morts, de fruits, de déchets végétaux.

Les larves, planctonophages, se développent dans les milieux d'estuaires, dans les eaux salées ou saumâtres.

Dans le milieu naturel, les populations, autrefois abondantes, semblent avoir diminué au cours des vingt dernières années de façon inquiétante. Plusieurs causes peuvent expliquer ce phénomène :

- le prix élevé de la commercialisation (plus de 200 F/kg) qui provoque une surexploitation des stocks.

- l'absence de réglementation qui permet la capture de femelles ovigères, c'est-à-dire portant des oeufs (50 000 à 100 000 oeufs).

The «ouassous», freshwater shrimps

The origin of this name is supposed to be a distortion of " roi de la source " (king of the spring). The crayfish, caught in great quantities in the guadeloupean rivers, are now protected by the law which prohibits fishing in the national park. Actually, there are no fishing regulations in the department of Guadeloupe.

Adult crayfish live in running waters near rocky shelters. Some can be found above many waterfalls: third Carbet waterfall, Saut de la Lézarde, etc. With their branchial chambers which store humidity, the *ouassous* can remain out of the water for some time: this enables them to walk upstream the rivers along great distances and to get around varied obstacles by walking on the earth.

They are omnivorous and feed on dead animals, fruit, vegetal fragments. The larvas feed on plankton and grow in estuaries, in sea or briny waters.

In their natural environment, the populations which used to be abundant seem to have decreased dramatically along the last twenty years. Several causes can explain this phenomenon:

- the high selling price (more than 200 F per kg) resulting in an overexploitation of the stocks,

- the lack of regulations which results in the capture of egg bearing (from 50,000 to 10,000 eggs) females,

- l'épandage des produits toxiques, notamment en bananeraies. Les crustacés sont d'ailleurs d'excellents indicateurs de pollution, étant donné leur grande sensibilité.

Les "chevrettes" (ouassous) font l'objet d'un élevage intensif : il existe une dizaine de fermes aquacoles sur le seul département de la Guadeloupe. Le Parc National travaille aujourd'hui avec la SICA à la mise en place d'élevages de ouassous.

- the spreading of poisonous products, especially in the banana plantations. Since they are very sensitive, crayfish are excellent pollution indicators.

The " chevrettes " (ouassous) are bred intensively: there are a dozen water farms in the department of Guadeloupe. The national park now cooperates with the SICA to create ouassous farms.

Photo
Jean-Michel Renault.

Macrobrachium carcinus : ouassous. *Macrobrachium* signifie mot à mot "grandes pinces". On les désigne par le terme "écrevisse", car ce sont des individus de belle taille et à grandes pinces, par opposition aux "chevrettes", individus plus petits aux pinces plus fines.

Macrobrachium carcinus: ouassous. *Macrobrachium* literally means " large claws ". They are called crayfish because they are large animals with large claws, as opposed to the " chevrettes " which are smaller and with thinner claws.

Cinquième jour / Fifth day

Trois-Crêtes / Morne Léger

Trois-Crêtes to Morne Léger

6 h / 6 hrs

Altitude maximum / Maximum altitude : 1 088 m

Dénivelés / Slopes : montée /up : 400 m, descente / down : 750 m

Morne Léger
Trois-Crêtes

⑲ **Trois-Crêtes • 917 m**

Le GR prend la trace du Nord. Par une succession de montées et de descentes *(passages délicats)*, parvenir au sommet des

2 h • pitons de Bouillante • 1 088 m

Le GR amorce par la droite une longue descente souvent très boueuse le long de la crête de Pigeon *(faire particulièrement attention à des éboulements sur la gauche et la droite de la trace)*. Plus bas, une fenêtre offre une vue sur la Côte-Sous-le-Vent.

⑲ **Trois Crêtes • 917 m**

The GR takes the North trace. Walking successively up and down slopes *(some difficult places)*, reach the top of the peaks:

2 hrs • pitons de Bouillante • 1 088 m

The GR takes to the right a long slope down, which is often very muddy, along the Pigeon ridge *(be especially careful as rocks fall on the left and on the right of the trace)*. Lower down, a window gives a view over the Côte-Sous-Le-Vent.

Thym Montagne / Mountain thyme. *Photo Rosine Mazin / Top.*

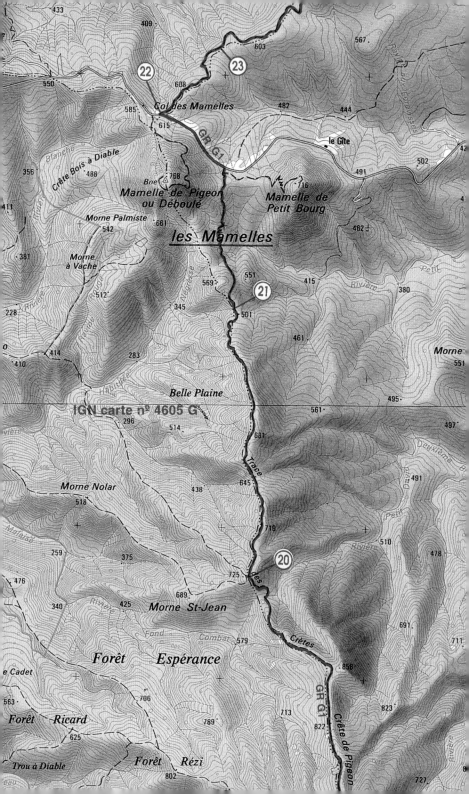

Une source de la rivière Petit Bras-David précède une

⑳ **1 h • bifurcation • 750 m**

Prendre à droite ; le cheminement est ralenti dans cette portion particulièrement boueuse jusqu'au point d'eau des

㉑ **2 h • Mamelles • 500 m**

Grimper la petite pente pour atteindre la route de la Traversée. L'emprunter à gauche sur environ 800 m.

㉒ S'engager à droite dans le sentier du Morne Léger. Prendre la trace qui s'enfonce dans le sous-bois et qui mène au carbet de bivouac du

㉓ **1 h • morne Léger • 560 m**

You will find a water spring of the river Petit Bras-David, then a:

⑳ **1hr 10 • fork • 750 m**

Take to the right; the walk is slowed down in this extremely muddy section until you reach the water point of:

㉑ **2 hrs 10 • Mamelles • 500 m**

Climb the little slope to reach the road to La Traversée. Take the road left over about 800 m.

㉒ Enter on the right the Morne Léger path. Take the trace which penetrates the undergrowth and leads to the *carbet de bivouac* of:

㉓ **40 min • Morne Léger • 560 m**

L'agouti

The agouti

L'agouti appartient à la famille des Dasyproctidés *(Dasyprocta aguti noblei).*

L'agouti aurait été introduit par les Amérindiens avant la période historique. Rongeur de la taille d'un lapin, on le reconnaît à sa silhouette particulière. Il mesure entre 40 et 60 cm. Sa tête ressemble à celle d'un rat, son museau est allongé, ses membres postérieurs sont plus longs que les antérieurs. Sa nourriture est composée essentiellement de matières végétales : rhizomes de fougères, tubercules sucrés (patates douces), jeunes feuilles, écorce, fruits (baies), mais aussi manioc et autres plantes cultivées.

Méconnu en Guadeloupe, il n'en resterait qu'une petite population dans la région de Goyave. Afin d'empêcher son extinction totale, les autorités l'ont déclaré "espèce protégée". Malheureusement, celle-ci s'avère inefficace car l'agouti est très braconné pour sa chair qui est fort estimée.

The agouti belongs to the *dasyproctideae* family *(Dasyprocta aguti noblei).*

The agouti was probably introduced by the Amerindians before the historical period. It is a rodent the size of a rabbit, easily recognizable to its special figure. It is from 40 to 60 cm long. Its head looks like that of a rat, it has a pointed nose and its rear limbs are longer than its fore limbs. Its food chiefly consists of vegetal materials: fern rhizomas, sweet tubers (sweet potatoes), young leaves, bark, fruit (berries), and also cassava and other cultivated plants.

Little known in Guadeloupe, there is only a small population remaining in the Goyave region. To avoid its complete extinction, the authorities have declared it a " protected species ". Unfortunately, this turns out quite inefficient because the agouti is very much poached for its esteemed meat.

La forêt tropicale

L a forêt tropicale dite «dense» se répartit dans les zones à forte pluviométrie. Elle se localise dans les régions à climat équatorial ou tropical où sont réunies les conditions suivantes : température élevée (27° en moyenne) dont les amplitudes annuelles et diurnes sont faibles, précipitations abondantes toujours supérieures à 1 500 mm par an.

La forêt dense en Guadeloupe couvre environ 40 000 ha soit presque la moitié de la Basse-Terre. Ce vaste domaine a pu être préservé jusqu'à nos jours grâce aux difficultés d'accès du massif intérieur et à la surveillance du service forestier qui en assure la gestion depuis 1924.

La forêt dense présente deux types de végétation : on distingue **la forêt dense hygrophile** de **la forêt dense mésophile** à faciès intermédiaire entre la première (très humide) et **la forêt sèche ou xérophile.**

Avant l'intervention de l'homme, la forêt mésophile s'étendait du niveau de la mer à l'altitude de 300 m sur le versant au vent et de 250 à 500 m sur le versant sous le vent.

La forêt dense mésophile est maintenant réduite à une mince ceinture, d'une largeur parfois inférieure au kilomètre, autour de la forêt dense hygrophile qui couvre la plus grande partie de l'axe volcanique au-dessus de 300 m au vent et de 500 m sous le vent. Elle culmine à environ 1 000 m.

The tropical forest

T he " dense " tropical forest spreads out over the most rainy areas. It is found in regions having an equatorial or tropical climate and where the following conditions are met: high temperature (27° as an average) with small yearly and dayly amplitudes, and with abundant rainfalls (always greater than 1,500 mm per year).

The dense forest in Guadeloupe covers about 40,000 ha, that is, almost half of Basse-Terre. This vast domain has been preserved up to now due to the difficult access of the inner massif and with the help of the forestry service which has been managing it since 1924.

There are two types of vegetations: the **hygrophilous dense forest** and the **mesophilous dense forest,** which looks half between the former (very humid) and the dry or **xerophilous forest.**

Before man's intervention, the mesophilous forest was spreading from sea level up to 300 m on the winward side and 500 m on the leeward side.

The mesophilous dense forest is now reduced to a narrow belt, less than 1 km wide at some places, around the hygrophilous dense forest which covers most of the volcanic axis beyond 300 m of altitude winward and 500 m leeward. It culminates at about 1,000 m.

La forêt dense hygrophile : elle est composée de végétation adaptée aux milieux très humides.

La forêt dense mésophile : elle est composée de végétation adaptée aux milieux moyennement humides.

La forêt sèche ou xérophile : elle est composée de végétation adaptée aux milieux secs.

The hygrophilous dense forest: it consists of plants adapted to very humid environments.

The mesophilous dense forest: it consists of plants adapted to environments of medium humidity.

The dry or xerophilous dense forest: it consists of plants adapted to dry environments.

La végétation luxuriante de la forêt dense est caractérisée par une très grande richesse floristique. 300 espèces arborescentes ou arbustives, 50 espèces de lianes et 100 espèces de plantes épiphytes. Ce riche peuplement forestier est le résultat de migrations d'espèces continentales dues à l'eau, au vent, aux animaux et à l'homme.

Elle se caractérise également par une structure particulière dont l'organisation est le reflet de la compétition pour l'espace et la lumière.

The lush vegetation of the dense forest is characterized by a great amount of flowers. 300 arborescent or bushy species, 50 liana species, and 100 epiphytic plant species. This rich forest population results from migrations of continental species, carried by the water, the wind, animals, and man.

It is also characterized by a special structure reflecting the competition for space and light.

Fougère arborescente / Tree fern. *Photo Denis Bassargette / PNG.*

On y distingue **une strate arborescente** comportant des arbres dominants de 30 à 40 m, dont les plus fréquents sont le gommier, le bois rouge carapate, le châtaignier, le marbri ou le palétuvier jaune et des arbres dominés de 15 à 25 m de haut ; **une strate arbustive** dont les végétaux (fougère arborescente, palmiste montagne) ont rarement plus de 5 m de haut ; **une strate herbacée ou muscinale** constituée d'une végétation souvent clairsemée ; un enchevêtrement de **lianes et d'épiphytes** qui réunit les différents niveaux de végétation.

La forêt dense possède aussi des caractères morphologiques originaux. Les arbres ont des fûts élancés et étalent largement leurs branches maîtresses ; leurs bases développent souvent des contreforts et des racines-échasses. Les épiphytes sont très fréquentes dans la forêt dense de Guadeloupe et forment parfois un véritable manteau sur les troncs. Les lianes constituent l'un des éléments les plus spectaculaires de la forêt dense.

There is an **arborescent layer** including 30 to 40 m high trees, the commonest being the gum tree, the *bois rouge carapate*, the chestnut tree, the marbri or yellow mangrove, and shorter 15 to 25 m high trees; a **bushy layer** with plants (arborescent fern, palmiste montagne) are seldom more than 5 m high; **a herbaceous or muscinal layer** consisting of often sparse vegetation; entangled **lianas and epiphytic plants** grouping all the vegetation levels.

The dense forest also shows original morphological characteristics. The trees have high trunks and spread out their mains branches far away; at their base develop foothills and stilt roots. The epiphytic plants are numerous in the dense forest of Guadeloupe and sometimes make up a genuine coat covering the trunks. The lianas are among the most spectacular items of the dense forest.

En forêt dense. Photo Philippe Giraud

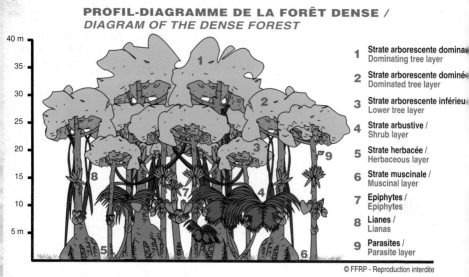

PROFIL-DIAGRAMME DE LA FORÊT DENSE /
DIAGRAM OF THE DENSE FOREST

1 **Strate arborescente dominante**
   Dominating tree layer

2 **Strate arborescente dominée**
   Dominated tree layer

3 **Strate arborescente inférieure**
   Lower tree layer

4 **Strate arbustive /**
   Shrub layer

5 **Strate herbacée /**
   Herbaceous layer

6 **Strate muscinale /**
   Muscinal layer

7 **Epiphytes /**
   Epiphytes

8 **Lianes /**
   Lianas

9 **Parasites /**
   Parasite layer

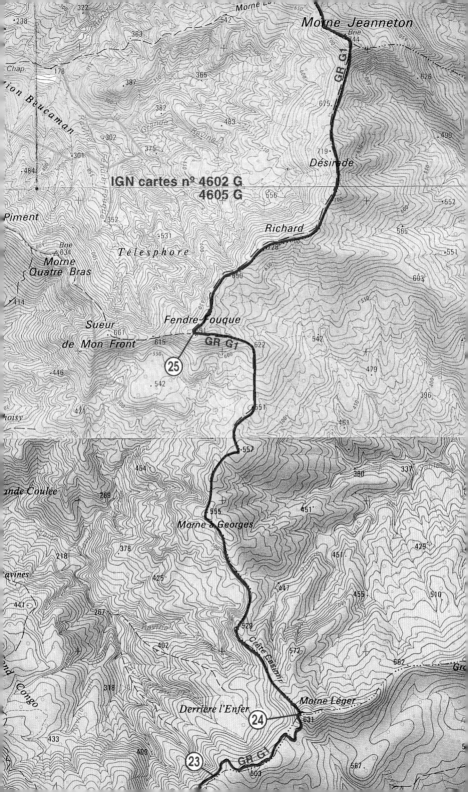

Sixième jour / Sixth day
Morne Léger / Belle Hôtesse
Morne Léger to Belle Hôtesse
8 h 20 / 8 hrs 20
Altitude maximum / Maximum altitude : **756 m**
Dénivelés / Slopes : **montée** /up : **800 m**,
descente / down : **650 m**

Belle Hôtesse
Morne Léger

(23) **Morne Léger • 560 m**

Le GR continue sur la trace jusqu'à une bifurcation précédant le Morne Léger.

(24) Tourner à gauche pour descendre la crête Casimir assez pointue. Franchir le morne à Georges (555 m), au relief peu accusé, que rien ne distingue. Par une montée soutenue, arriver au sommet du

2 h • Fendre Fouque • 694 m

(25) S'engager à droite *(quelques trouées permettent d'admirer le paysage)*.

Poursuivre sur les fondrières d'une crête étroite et parfois rocheuse, traversant les sommets Richard puis Désirade pour rejoindre le

1 h 50 • morne Jeanneton • 744 m

Point de vue.

(23) **Morne Léger • 560 m**

The GR goes on along the trace up to a fork before reaching Morne Léger.

(24) Turn left to climb down the rather steep Casimir ridge. Cross the hill at Georges (555 m), where the relief is rather flat and not much differentiated. Climb up a steep slope to reach the top of the:

2hrs • Fendre Fouque • 694 m

(25) Take to the right *(a few gaps allow to admire the landscape)*

Walk on over the potholes of a narrow and here and there rocky ridge, through the Richard summits, then Désirade and reach the:

2hrs • morne Jeanneton • 744 m

Viewpoint.

Photo
Denis Bassargette / PNG.

Par une descente soutenue parmi les racines d'arbres, le GR parvient au carrefour des

Climb down a steep slope about tree roots and get to the junction of:

㉖ **50 min • Contrebandiers • 542 m**

㉖ **30 min • Contrebandiers • 542 m**

Le GR continue en direction d'un pylone EDF et s'engage dans une portion au relief peu prononcé. Plus loin, il traverse une petite ravine *(point d'eau)*.

The GR goes on towards an EDF pylon and into a section of slight relief. Further on, it goes through a small ravine *(water point)*.

Gravir le Mont Pelé (756 m).

Climb the Mont Pelé (756 m).

Au sommet, virer à gauche en direction de la Couronne pour continuer jusqu'à une

At the top, turn left towards La Couronne until you find a:

㉗ **2 h 20 • intersection • 743 m**

㉗ **2hrs 30 • junction • 743 m**

Laisser à gauche le chemin menant au sommet du piton Guyonneau. S'engager sur la trace de droite.

Leave aside the path to the left which leads to the top of the Guyonneau. Take the trace on the right.

▶ Cette portion demande beaucoup de vigilance en raison du mauvais état de la trace lors de passages abrupts.

▶ This section requires utmost care due to the bad condition of the trace at abrupt points.

Après quelques portions boueuses et une raide montée, arriver à l'embranchement de la trace provenant du morne Belle-Hôtesse où se trouve le carbet de bivouac de

After a few muddy sections and a steep slope up, reach the junction with the trace from Morne Belle-Hôtesse, where you will find the *carbet de bivouac* of:

㉘ **1 h 20 • Belle-Hôtesse • 756 m**

㉘ **1 hr 20 • Belle-Hôtesse • 756 m**

Régime de bananes /
Banana cluster
Photo
Denis Bassargette / PNG.

Les oiseaux de Guadeloupe

The birds of Guadeloupe

Le pic noir *(Melanerpes herminieri)*

Endémique et protégé, le pic noir est le seul représentant de la famille des picidés (pics) dans nos îles. Son dos est complètement noir, ses ailes ont un aspect bleu métallique, tandis que sa gorge et son ventre sont rouge sang et noir.

En vol, il se déplace sur de courtes distances, d'une façon bien spécifique, en glissades ondulées ; l'extrémité de ses ailes a un aspect rond qui permet d'éviter de les confondre avec les grives.

Principalement insectivore, le pic a un bec fin et long. On peut le voir grimper à la verticale des troncs, en quête de nourriture, au moyen de ses pattes courtes, très griffues et en appui sur la queue, dont les rectrices sont pointues au bout.

Il signale sa présence à grands coups de bec sur les troncs d'arbres morts, occasionnant un martellement semblable à celui que ferait une baguette de bois de façon rapide et répétée pendant un court instant.

The black woodpecker
(Melanerpes herminieri)

The black woodpecker, endemic and protected, is the sole representative of the woodpecker family on our islands. Its back is completely black, its wings have a metallic blue aspect, whereas its throat and belly are blood red and black.

It flies over short distances, in a very specific way, in wavy slides; the end of its wings is rounded which enables to tell it from the thrushes.

The woodpecker is chiefly insectivorous and has a long thin beak. You can see it, vertically climbing up trunks, searching for food, using its short legs with long claws and resting on its tail which has pointed rectrices.

It signals its presence by knocking hard on dead trunks with its beak, producing a hamming as would a wooden stick hitting fast and repeatedly for a short time.

Les grives

Les "grives" ont en commun un régime alimentaire à base de graines, de baies, et dans une moindre mesure, d'insectes. Leur caractère inquiet en fait des oiseaux assez farouches, sans cesse en déplacement, la queue relevée en position d'alerte, même quand ils se nourrissent.

The thrushes

All the thrushes species feed on seeds, berries, and, less often, insects. Their anxious temper makes them rather shy and restless, with their tail up in an alarm position, even when they eat.

Le moqueur corossol *(Margarops fuscatus)* est la plus grosse des grives de Guadeloupe (28 cm). Brun olivâtre sur le dos et blanc sale sur le ventre, son bec, couleur corne, est puissant.

La grive à pieds jaunes *(Cichlherminia lherminieri)* est la plus colorée des grives ; ses pattes et la partie inférieure de son bec ont une couleur jaune maïs. Son dos est brun olivâtre, son ventre brun avec des tâches blanches en forme d'écailles.

The pearly-eyed trasher *(Margarops fuscatus)* is the biggest thrush in Guadeloupe (28 cm). Its back is an olive brown and its belly whitish, and it has a powerful horn-coloured beak.

The forest trush *(Cichlherminia lherminieri)* is the most colourful thrush; its legs and the lower part of its beak are corn yellow. Its back is olive brown, and its belly brown with white scale-shaped patches.

Pic noir / The black woodpecker. *Photo P. Villard.*

Les colibris

Ces oiseaux ne vivent que sur le continent américain, les Grandes et les Petites Antilles. Généralement de taille minuscule, ils revêtent un plumage étincelant à reflets métalliques.

Aussi appelé oiseau-mouche, le colibri est un véritable champion de l'extrême. La température de son corps est d'environ 39°. Son coeur bat à 1200 pulsations par minute, et ses ailes entre 50 et 60 fois à la seconde ; la vitesse de battement de ses ailes lui permet de voler sur place et même à reculons quand il se nourrit. En vitesse de pointe sur de courtes distances, il peut atteindre 70 km à l'heure.

The hummingbirds

These birds live only on the American continent, and in the Greater and the Lesser Antilles. They usually are of a tiny size and have bright colourful feathers with a metallic glint.

The hummingbird, sometimes called " flybird ", is a champion of extremes. Its body temperature is about 39°C. Its heart beats at the rate of 1,200 beats per minute and its wings flutter from 50 to 60 times per second; the fluttering rate of its wings enable it to fly still and even backwards when it is eating. Its peak flying speed can reach 70 km per hour over short distances.

The hummingbird with a dark red or " Madeira " coloured throat *(Eulampsis jugularis)* is the biggest of the hummingbirds living in the Lesser Antilles (12 cm). It has dazzling dark red, green and blue colours.

Le colibri à gorge grenat ou "madère" *(Eulampsis jugularis)* est le plus gros colibri des Petites Antilles (12 cm).
Il resplendit de couleurs grenat, vert, bleu.

Cette débauche d'énergie nécessite une alimentation importante et riche. Le colibri ingurgite chaque jour une quantité de nourriture égale à trois fois le poids de son corps. Cette nourriture est surtout faite de nectar, mais aussi de petits insectes capturés en plein vol ou dans le calice des fleurs. Comme les abeilles, les colibris sont d'excellents pollinisateurs.

This abundant energy calls for a great amount of rich food. The hummingbird swallows each day an amount of food equal to three times its body weight. It feeds chiefly on nectar, but also on small insects caught in their flight or in the calyx of flowers. Like the bees, the hummingbirds are excellent pollinators.

Le colibri huppé ou "foufou" *(Orthorynchus cristatus)* est le plus petit des colibris de Guadeloupe (8 cm). Vert et gris, il porte sur la tête une huppe verte qui lui donne l'air ébouriffé.

Dessins Thierry Petit-Lebrun.

The Antillean crested humming-bird or " foufou " *(Orthorynchus cristatus)* is the smallest of the hummingbirds of Guadeloupe (8 cm). It is green and grey and wears on its head a green hoopoe that gives it a ruffled look.

Septième jour / Seventh day

Belle Hôtesse / Clugny

Belle Hôtesse to Clugny

6 h / 6 hrs

Altitude maximum / Maximum altitude : 756 m

Dénivelés / Slopes : montée /up : 400 m,

descente / down : 1 150 m

Clugny

Belle Hôtesse

28) **Belle-Hôtesse • 756 m**

Le GR prend la direction Nord-Est et parvient à un embranchement.

29) Laisser à droite le chemin menant à la Tête Allègre (en 30 min) et rejoindre un embranchement. Le GR emprunte à droite la trace Baille-Argent - Sofaïa jusqu'à une bifurcation.

30) S'engager à gauche sur un étroit sentier assez pentu menant au

2 h 30 • morne Mazeau • 615 m

Point de vue.

28) **Belle-Hôtesse • 756 m**

The GR goes towards the North-East and gets to a junction.

29) Leave aside the path leading to La Tête Allègre (in 30 min) and reach a junction. The GR takes to the right the trace from Baille-Argent to Sofaïa, up to a fork.

30) Enter a narrow and rather steep path to the left leading to:

2 hrs 30 • morne Mazeau • 615 m

Viewpoint

Le Dynaste Hercule / The Dynaste Hercule. *Photo Boesch / PNG.*

Le racoon

Le racoon (*Procyon minor*), c'est le raton-laveur, mascotte du Parc National. Son existence n'a pas été signalée par les chroniqueurs des 17è et 18è siècles. Il aurait été introduit de Lousiane à la fin du 18è siècle.

C'est l'un de nos plus gros mammifères sauvages. Il peut atteindre 1 m de long dont 40 cm de queue. Son masque noir et sa queue annelée sont ses deux signes distinctifs. Ses pattes se terminent par des pieds aux plantes nues et aux doigts éffilés, munis de griffes non rétractiles assez robustes. Le sens tactile de son museau et de ses pattes antérieures est très développé. Les orteils peuvent s'écarter largement ; il les utilise comme des mains.

Le raton-laveur doit cette appellation à son habitude de plonger dans l'eau les aliments avant de les manger. Ce qui a fait dire qu'il "lavait" ses aliments (croyance erronée), mais les scientifiques n'ont toujours pas donné d'explication satisfaisante. Quoiqu'il puisse être aperçu de jour, le raton-laveur est de mœurs nocturnes. C'est à la tombée de la nuit qu'il se met en quête de nourriture : écrevisses, crabes, mollusques, petits mammifères et oiseaux, mais aussi, canne à sucre, maïs et melon.

Bien que protégés par l'arrêté permanent de la chasse de 1954, les racoons sont encore largement braconnés ou retenus illicitement en captivité, car ils s'apprivoisent facilement.

The racoon

The racoon (*Procyon minor*) is the mascot of the national park. It has not been mentioned by any authors during the 17th and 18th centuries. It seems it was introduced from Louisiana at the end of the 18th century.

It is one of our biggest wild mammals. It can be up to 1 m long, including the 40 cm-long tail. Its black mask and its annulate tail are its distinctive features. Its legs are ended by bare feet with sharp fingers and rather strong non-retractile claws. The tactile sense of its nose and of its fore limbs is highly developed. It can set its toes wide apart and use them as hands.

The racoon (" raton-laveur ", litterally " washing rat ") likes to immerse its food in water before eating it. So it has been believed (wrongly) that it " washes " its food, but the scientists have not yet found any satisfactory explanation for this behaviour. The racoon can be seen during the day, but it has nocturnal habits. At nightfall, it starts off to search for food: crayfish, crabs, molluscs, small mammals and birds, and also sugar cane, corn and melon.

Although protected by the permanent hunting prohibition law of 1954, the racoons, since easily tamed, are still often poached or retained illegally.

Jeune racoon / Young racoon. *Photo Jean-Michel Renault*

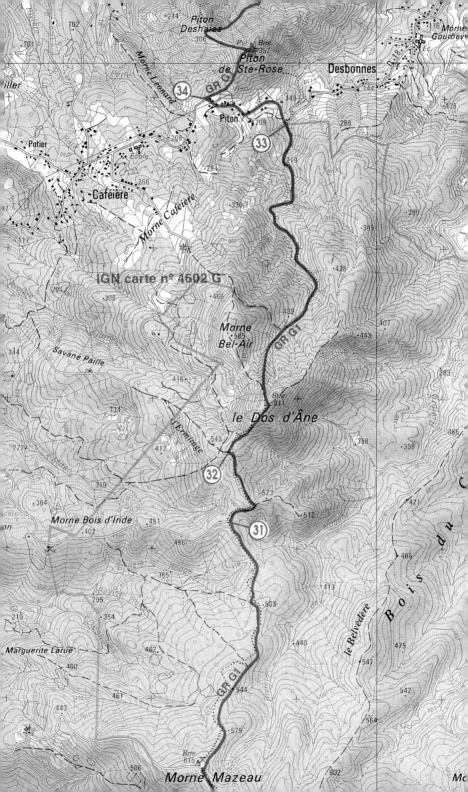

Près de la plage de Clugny / Near the Sainte-Rose beach. *Photo Denis Bassargette / PNG.*

Suivre à droite la route qui redescend.

㉛ S'engager à droite dans un sentier au travers d'une plantation de lauriers-roses. Environ 200 m plus loin, bifurquer à gauche.

㉜ Tourner à droite pour arriver au

50 min • Dos d'âne • 601m

Point de vue.

Le GR vire à gauche puis bifurque à droite et s'engage dans une descente assez raide longeant la rivière du Vieux-Fort et menant au pont Desbonnes (160 m).

㉝ Emprunter à gauche la D 8 sur environ 500 m jusqu'à un petit col.

㉞ Bifurquer à droite pour suivre un chemin très pentu qui mène au

1 h 10 • piton de Sainte-Rose • 357 m

Le GR contourne le relais par la droite et, par un sentier herbu, atteint le piton de Deshaies. S'engager à droite et, par une descente *(pentue et parfois glissante)*, arriver au lit de la rivière du Vieux-Fort.

Follow, on the right, the road going down.

㉛ Take to the right a path crossing a wild pitch pine plantation. About 200 m further, take left.

㉜ Turn right to get to the:

50 min • Dos d'âne • 601 m

Viewpoint.

The GR turns left, then right and goes steeply down along the river Vieux-Fort leading to the Desbonnes bridge (160 m).

㉝ Take left the D8 over about 500 m up to a small pass.

㉞ Turn right to follow a very steep path leading to the:

1 hr 10 • Sainte-Rose peak • 357 m

The GR gets round the relay on the right, through a grassy path, then reaches the Deshaies peak. Turn right and down *(steep and sometimes slippery places)*, and get to the river Vieux-Fort.

Le GR franchit la rivière plusieurs fois puis pénètre dans une savane. Suivre le lit de la rivière jusqu'à un champ de canne à sucre qui précède la N 2. Parvenir à la

1 h 30 • plage de Clugny • 0 m

The GR crosses the river several times, then enters a savannah. Follow the river up to a sugar cane field before the N2. Get to the:

1 hr 30 • Clugny beach • 0 m

Monarque américain (Danaus plexipus). *Photo Jean-Michel Renault.*

La canne à sucre

The sugar cane

La canne à sucre *(Saccharum officinarum)* appartient à la famille des Poacées. Espèce probablement née comme "canne de bouche" en Nouvelle-Guinée, par sélection d'une espèce sauvage. C'est en Inde que son utilisation pour la production de sucre a commencé. La canne à sucre aimant le climat tropical, une température avoisinant les 20° et une pluviométrie importante sans être excessive, elle s'est parfaitement adaptée aux Antilles. Les Caraïbes l'utilisaient déjà avant la colonisation, mais on ne sait pas précisement comment elle leur était parvenue. Sa culture a été étendue au 17è siècle, et a nécessité la venue d'Afrique de nombreux esclaves, car le besoin en main-d'œuvre était considérable.

The sugar cane *(Saccharum officinarum)* belongs to the poaceae family. A species probably borne as a " mouth cane " in New-Guinea, from the selection of a wild species. The use of cane for sugar production first began in India. Since the sugar cane appreciates the tropical climate, with a temperature nearing 20°C and abundant but not excessive rainfalls, it has perfectly adapted to the Antilles. The Caribs were already using it before colonization began, but it is not known how exactly it had reached them. The sugar cane cultivation spread out during the 17th century, which made it necessary to bring many slaves from Africa, for the need for labour was dramatic.

31. — Train de cannes à sucre (Antilles).

Rosine Mazin / collection A et P. Cherdieu.

Coupe de canne à sucre / Cutting sugar cane. *Photo Serge Laquitaine.*

Avec l'esclavage, va se développer "l'Habitation sucrerie", lieu de plantation et de transformation de la canne à sucre, qui pouvait compter une centaine d'esclaves. Aujourd'hui, la mécanisation permet d'effectuer avec moins de peine les différentes phases de la culture. Le cycle végétatif s'accomplit sur environ quinze mois.

Chaque bouture donne une touffe de cinq à vingt tiges qui peuvent atteindre 4 m de hauteur. Sa floraison, à la fin de l'année, offre un très beau spectacle. La récolte, de février à mai, est parfois précédée d'un brûlis. La tige est tranchée près du sol et sera coupée en deux ou trois tronçons.

Cultivée sur la Grande-Terre et au Nord de la Basse-Terre, la canne à sucre, bien qu'en net retrait, reste la culture prédominante du département, avec 36 % des terres cultivées.

Les produits de la canne sont pour l'essentiel le sucre et le rhum. Ils font partie intégrante de l'histoire et de la culture antillaise.

Le sucre est aujourd'hui en crise, mais l'espoir demeure, car le rhum reste l'alcool le plus consommé du monde.

Slavery will develop the " habitation sucrerie ", the sugar cane plantation and processing place, where up to a hundred slaves used to live. Now, machines are used so that the cultivation phases are not so painful. The vegetative cycle takes about fifteen months.

Each cutting gives a clump of five to twenty stems which can grow up to 4 m high. The flowering time, at the end of the year, offers a superb sight. Harvesting, from February to May, is sometimes preceded by burn-baiting. The stem is cut near the ground, then cut out in two or three sections.

The sugar cane, cultivated in Grande-Terre and in the North of Basse-Terre, although clearly declining, remains the major production of the department, with 36% of the cultivated land.

The products obtained from the sugar cane are chiefly sugar and rhum. These are part of the Antillean culture.

There is now a sugar crisis, but hope remains since rhum is the liquor the most consumed in the world.

RÉPARTITION DE LA VÉGÉTATION DE LA GUADELOUPE /
GUADELOUPE VEGETATION DISTRIBUTION

Les types de végétation / Types of vegetation

Mangrove, arrière-mangrove et marais littoraux /
Mangrove, rear mangrove and coastal swamps

Végétation littorale xérophile des îles calcaires /
Xerophilous coastal vegetation of the limestone islands

Forêt xérophile des îles calcaires, halliers et brousses sèches /
Xerophilous forest of the limestone islands, brushwood and dry bush

Forêt xérophile sur terrains volcaniques /
Xerophilous forest on volcanic lands

Forêt mésophile /
Mesophilous forest

Forêt hygrophile /
Hygrophilous forest

Forêt rabougrie et savanes d'altitude /
Stunted forest and mountain savannah

Prairies et tourbières marécageuses des hauts sommets /
Swampy grasslands and high mountain peat bogs

E n forêt tropicale, une impression générale de monotonie cache au néophyte une très grande richesse floristique et une grande variété de groupements végétaux.

Ainsi, si l'on rapporte le nombre d'espèces de plantes à fleurs (phanérogames) indigènes de la Guadeloupe à la superficie de cette île, on trouve environ une espèce par km^2 (une espèce pour 200 km^2 dans les pays tempérés d'Europe).

Ce petit guide vous permettra de reconnaître les arbres, les plantes et fleurs les plus caractéristiques de la flore tropicale.

I n the tropical forest, a general feeling of monotony conceals to the novice a tremendous wealth of flowers and a great variety of vegetal arrangements.

Thus, the ratio of the number of flower plants (phanerogams) native from Guadeloupe, versus the island area, makes approximately one species per km^2 (one species per 200 km^2 in the temperate European countries).

This short guide will enable you to recognize the trees, the plants and flowers the most representative of the tropical flora.

Sommaire / *Contents*

Petit guide de la flore tropicale
Short Guide to the Tropical Flora

Arbustes	Shrubs

Mangle montagne
(Clusia mangle)

Endémique de la Guadeloupe, il est présent au-dessus de 800 m d'altitude, où le vent est souvent violent et l'humidité permanente. C'est un arbrisseau aux feuilles coriaces et luisantes qui constitue des peuplements assez denses.

Mountain mangle
(Clusia mangle)

Endemic in Guadeloupe, it can be found above 800 m of altitude, where the wind is often violent and the humidity constant. It is a shrub with hard shiny leaves in rather dense populations.

Mangle montagne / Mountain mangle. *Photo Leurquin.*

Thym-montagne
(Tibouchina ornata)

Croissant au-dessus de 1 000 m, le thym-montagne est une petite plante ligneuse que l'on rencontre surtout dans le massif de la Soufrière. Ses feuilles, très petites, possèdent la particularité d'être garnies de soies adhérentes au limbe. Les fleurs sont d'une très belle teinte pourpre.

Mountain thyme
(Tibouchina ornata)

The mountain thyme grows above 1,000 m. It is a small ligneous plant found especially in the massif of La Soufrière. Its very small leaves have the specificity of adhering to the limb. The flowers are of a beautiful crimson colour.

Thym-montagne / Mountain thyme. *Photo Roger Leguen.*

Herbacées

Herbaceous plants

■ **Ananas rouge montagne**
(Pitcairnia bifrons)

Bien que ne possédant pas de fruit comestible, l'ananas-montagne est une plante proche de l'ananas cultivé, notamment par son port : les fleurs rouges sont linéaires et rigides, formant un bouquet au ras du sol. Une espèce voisine, *Guzmania plumierii*, possède des feuilles plus dressées et une hampe florale jaune.

■ **Red mountain pineaple**
(Pitcairnia bifrons)

Although its fruit is not edible, the mountain pineaple is close to the cultivated pineaple, especially by its bearing: its red flowers are linear and stiff, and make up a bunch close to the ground. A close species, Guzmania plumierii, has more erect leaves and a yellow flower scape.

■ **Violette montagne**
(Viola stipularis)

Cette espèce qui fleurit toute l'année provient des zones montagneuses d'Amérique tropicale. Elle possède des fleurs, violettes à blanches, avec de longs pédoncules dressés, et des feuilles elliptiques à la marge dentée.

■ **Mountain violet**
(Viola stipularis)

This species flowers all through the year. It comes from the mountainous regions of tropical America. Its flowers are violet or white, with long erect peduncles and elliptic leaves with a fringed border.

Violette montagne / Mountain violet. *Photo J.D.*

Ananas rouge montagne / Red mountain pineaple. *Photo Bruno Pambour.*

Epidendrum patens
(Orchidacée)

Elle fait partie de la prestigieuse famille des orchidées, à laquelle appartient, entre autres, la vanille. Elle se plaît parmi les mousses et les sphaignes des formations d'altitude, formant des colonies assez abondantes en certains endroits ; celles-ci jalonnent le paysage de taches blanches, formées par les grappes de ces fleurs diversement odorantes selon l'humidité de l'atmosphère.

Epidendrum patens
(Orchidaceae)

This is a species of the renown orchid family to which belongs, among others, the vanilla. It likes high altitude mosses and sphagna, which make up, in some places, rather abundant colonies; these make white patches in the scenery, consisting of clusters of these flowers, more or less odorant according to the humidity and atmosphere.

Epidendrum patens / Epidendrum patens. *Photo Rousseau / ONF.*

Sphaigne
(Sphagnum-sp)

Dans les "savanes", les sphaignes constituent d'épais tapis qui rappellent les tourbières des régions froides ou des régions tempérées d'altitude. Elles dominent la végétation sur le sommet de la Soufrière et dans les zones presque planes ou en cuvettes, constamment gorgées d'eau, dans des conditions presque aquatiques.

Sphagnum
(Sphagnum-sp)

In the " savannahs ", the sphagna make thick carpets similar to the peat bogs in the cold regions or temperate mountain regions. They are dominant in the vegetation growing at the top of La Soufrière and in the flat regions or basins, constantly soaked with water, under almost aquatic conditions.

Sphaigne / Sphagnum. Photo Rosine Mazin / Top.

Arbres

■ Marbri, bois-bandé
(Richeria grandis)

Le marbri appartient à la famille des euphorbiacées dont les espèces se présentent sous des formes extrêmement variées : on y rencontre de grands arbres, ainsi que des herbes ou des lianes ; de plus, certaines espèces ressemblent étrangement à des cactus, alors que d'autres ont l'apparence de graciles fougères. Ses fruits sont très caractéristiques : ils forment de petites capsules ayant l'aspect de raisins verts et qui s'agglutinent en grand nombre sur les branches. Appelé aussi "bois-bandé", il est réputé pour ses propriétés aphrodisiaques. Son bois est utilisé en charpente et en menuiserie.

Marbri, bois-bandé / Bois bandé.
Photo J.D..

■ Gommier blanc
(Dacryodes excelsa)

Le gommier blanc constitue plus de la moitié du volume de bois naturel que l'on extrait de la forêt. Ses petites graines noires haut perchées sont très appréciées des oiseaux, notamment des ramiers. C'est un arbre très grand, facilement reconnaissable à son tronc droit et élancé d'où s'écoule une résine blanche odorante. Cette gomme est traditionnellement utilisée pour allumer le feu, car elle se consume lentement quelle que soit l'humidité ambiante.

Trees

■ Bois-bandé
(Richeria grandis)

The bois-bandé belongs to the euphorbiaceae family which includes extremely varied species: tall trees as well as grass or lianas; also, some species strangely resemble cactuses, whereas others look like slender ferns. Its fruit is quite characteristic: it makes up small capsules like green grape clustering in great numbers on the branches. The name " bois-bandé " (approximately: " erection wood ") is due to its aphrodisiac properties. Its wood is used for timber.

■ Candle tree
(Dacryodes excelsa)

The candle tree makes half of the natural wood extracted from the forest. Its small black seeds very high up are much appreciated by the birds, especially woodpigeons. It is a very tall tree, easily recognizable to its upright tall trunk from which flows an odorant white gum. This gum is traditionally used to light fires because it burns slowly whatever the ambient humidity.

Le tronc de cet arbre, évidé et élargi, sert à la construction de bateaux longs et étroits, assez instables, que l'on appelle "gommiers". Ils ne sont pas utilisés en Guadeloupe, mais le sont encore très fréquemment dans les îles voisines.

The trunk of this tree, once hollowed and widened, is used to build long narrow boats, rather unstable, called " gommiers ". They are not used in Guadeloupe, but still quite often in the nearby islands.

Gommier blanc /
Candle tree.
*Photo
Bruno Pambour.*

■ Châtaignier grandes feuilles
(Sloanea massoni)

Le châtaignier "grandes feuilles", comme le dit son nom, se distingue par ses feuilles, très grandes, qui peuvent atteindre 70 cm de long. Le fruit est facilement reconnaissable : c'est une grande capsule garnie de longs piquants qui n'est pas sans rappeler les bogues du châtaignier d'Europe. Les différentes espèces de châtaignier constituent en forêt dense le genre le plus abondant ; cet arbre est haut et la base de son tronc est fréquemment prolongée par d'impressionnants contreforts pouvant parfois atteindre une dizaine de mètres de long. De nombreuses épiphytes colonisent cet arbre.

■ Large leaf chestnut tree
(Sloanea massoni)

The " large leaf " chestnut tree, as you can tell by the name, is characterized by very large leaves, up to 70 cm long. The fruit is easily recognizable: it is a large capsule fitted with long prickles reminding of the European chestnut-shuck. The varied chestnut species are the most abundant in the dense forest; it is a tall tree and the base of its trunk is often extended by impressive foothills sometimes up to dozens of metres long. Many epiphytic plants colonize this tree.

■ Le résolu
(Chimarrhis cymosa)

Son bois jaune-orangé très dur et que les insectes n'attaquent pas, est utilisé pour la construction et la fabrication des parquets. Le résolu est commun en forêt dense. Ce très bel arbre se plaît surtout au bord des rivières. Son tronc droit est pourvu d'une écorce claire et lisse. Ses feuilles, larges et longues, sont regroupées en larges parapluies, et leur vert tendre tranche par sa note plus claire sur le reste de la forêt. En avril-mai et octobre-novembre, la cime de l'arbre se couvre de fleurs blanches en ombelles.

■ The water wood
(Chimarrhis cymosa)

Its orangy yellow wood being very hard, is not attacked by insects. Therefore it is used for timber and to make parquet. The water wood is quite common in the dense forest. This beautiful tree grows mainly by river sides. Its straight trunk has a clear and smooth bark. Its wide and long leaves are grouped, making up large umbrellas and its delicate green colour is contrasting with the rest of the forest. In April-May and October-November, the top of the tree is covered with white umbellate flowers.

Résolu /
The water wood.
Photo Louis Redaud.

Châtaignier Grandes Feuilles / Large leaf chestnut tree. *Photo J.D.*

La forêt dense humide / *The humid dense forest*

Fruit du Mapou Baril / The fruit of the bastard mahoe. *Photo J.D.*

■ **Le mapou baril**
(Sterculia caribaea)

Appartenant à la famille du cacaoyer, le mapou baril est un arbre aux grandes feuilles, marquées de 3 à 5 lobes et au port retombant. Le fruit, d'aspect curieux, est un gros follicule ligneux garni à l'intérieur de poils urticants rouge foncé. Les fleurs se présentent sous la forme d'un bouquet de petites clochettes de couleur jaune et rosée.

■ **The bastard mahoe**
(Sterculia caribaea)

The bastard mahoe, belonging to the cacao tree family, has very large leaves, with 3 to 5 lobes, and a falling bearing. The fruit, of strange aspect, is a big ligneous follicle having the inside coated with dark red urticate hairs. The flowers make up a bunch of small yellow and pinky bells.

■ Laurier rose
(Podocarpus coriaceus)

Proche des conifères, le laurier montagne est le seul gymnosperme de Guadeloupe. C'est un arbre moyen, aux feuilles coriaces vert sombre sur le dessus, aux fleurs discrètes et aux graines brunâtres sur des réceptacles rouges qui attirent l'attention. La plante est dioïque, c'est-à-dire que certains pieds portent les fleurs mâles et d'autres les fleurs femelles et par conséquent les graines.

■ Wild pitch pine
(Podocarpus coriaceus)

The wild pitch pine, close to conifers, is the only gymnosperm of Guadeloupe. It is a medium-height tree with hard leaves dark green on top, with discrete flowers and brownish seeds on red receptacles, which catch the eye. This is a dioecious plant, that is, that some plants bear male flowers and others female flowers bearing the seeds.

Laurier rose / Wild pitch pine. *Photo A. Palmin.*

Herbacées

Herbaceous plants

■ **Herbe-rasoir**
(Scleria scindens)

Vous aurez peut-être remarqué, dans les parties bien éclairées du chemin, les grandes herbes qui pendent des arbres ; ce sont des herbes coupantes, du genre scleria qui comporte aux Antilles une dizaine d'espèces dites aussi herbes à couteau, herbes-rasoir. Si vous les regardez de près, vous observerez leur tige triangulaire, caractéristique de la famille des cypéracées à laquelle elles appartiennent.

■ **Herbe-rasoir («razor grass»)**
(Scleria scindens)

You may have noticed, in the well lighted sections of the trail, large grass falling from the trees: this is a cutting grass of the scleria type which counts in the Antilles about ten species, also called knife grass, razor grass. Looking more closely, you will see their triangular section stem which characterizes the cyperaceae family to which they belong.

Herbe-rasoir / Herbe rasoir («razor grass»). *Photo Louis Redaud.*

■ **Balisier**
(Heliconia caribaea)

Les balisiers, aux remarquables fleurs jaunes, rouges ou oranges, jettent de belles notes de couleur dans le paysage vert de la forêt dense. Ils appartiennent à la famille des strelitziacées qui comporte d'autres plantes extraordinaires, comme les "oiseaux du paradis" et l'arbre du voyageur. Cette famille est également très proche des musacées, dont fait partie le bananier.

■ **Canna**
(Heliconia caribaea)

The cannas have remarkable yellow, red or orange flowers which sprinkle lovely colour patches in the green landscape of the dense forest. They belong to the strelitzaceae family which includes other extraordinary plants such as the " birds of paradise " and the " traveller's tree ". This family is also very close to the musaceae family which includes the banana tree.

Arbustes

Shrubs

Palmiste-montagne
(Prestoea montana)

Palmier de la famille du cocotier qui peut mesurer de 50 cm à 12 m, selon l'altitude et l'exposition au vent. Avec les jeunes feuilles encore tendres et blanches enfermées dans le coeur de la touffe qui couronne l'arbre, on prépare un coeur de palmier local très apprécié.

Mountain palm cabbage
(Prestoea montana)

This is a palm tree of the coco tree family, which can be from 50 cm to 12 m high, depending on the altitude and the exposure to the wind. Using the still tender young leaves enclosed inside the heart of the clump, a local, much appreciated, heart of palm is prepared.

Palmiste-montagne / Mountain palm cabbage. *Photo Bruno Pambour.*

*Photo
Denis Bassargette.*

Lianes et épiphytes

Lianas and epiphytic plants

■ **Les lianes** peuvent être définies comme des plantes terrestres pourvues de très longues tiges s'appuyant sur d'autres plantes, ce qui leur permet d'élever leur feuillage ou leurs feuilles à un niveau favorable à leur développement. Malgré leur tendance à pousser sur les troncs des arbres, ce ne sont pas des parasites, qu'elles aient ou non des ventouses ou de petites fixations. Et il sera rare de rencontrer un arbre dont le tronc ne sera pas couvert par l'une de ces lianes, soit simple tige, soit avec un feuillage abondant, soit encore avec une élégante inflorescence en ombrelle.

■ **The lianas** can be defined as ground plants having very long stems resting on other plants, which allows them to grow their leaves at a height favourable to their development. Despite their tendency to grow on tree trunks, they are not parasitic, whether they have or not small suction pads or tendrils. And you will seldom see a tree whose trunk is not covered with one of these lianas, either as a bare stem, or bearing an abundant foliage, or again elegant umbellate flowers.

■ **Les épiphytes** sont des plantes vivant sur d'autres végétaux, essentiellement sur les arbres, qui leur fournissent uniquement un support, et auxquels elles n'empruntent aucune substance organique. Surtout dans les formations hygrophiles, cette flore épiphytique est particulièrement développée en espèces et en individus, jouant un rôle spectaculaire dans le paysage. Dans la forêt humide, les troncs ou les branches peuvent être revêtus d'un véritable manteau de plantes épiphytes. En Guadeloupe, elles sont représentées par de nombreux genres.

■ **The epiphytic plants** are plants living on other plants, mostly trees, which provide them only a support, and no organic substance. This epiphytic flora, especially in the hygrophilous processes, is most developed as to both the numbers of species and individuals, and it plays a spectacular part in the scenery. In the humid forest, the trunks or branches can be covered with a genuine coating of epiphytic plants. In Guadeloupe, they are represented by many types.

■ **Ailes à mouches**
(Asplundia rigida)

Cette liane présente un feuillage abondant. Elle doit son nom à ses feuilles, dont le limbe fendu en deux sur les deux tiers de sa longueur environ, évoque les ailes de cet insecte.

■ **Zèle mouche (" fly wing ")**
(Asplundia rigida)

This liana has an abundant foliage. It owes its name to its leaves having a limb split in two over about the two thirds of its length, which reminds of the wings of a fly.

Ailes à mouches / Zèle mouche («fly wing»). *Photo Denis Bassargette / PNG.*

Epiphytes / Epiphytic plants. *Photo Denis Bassargette / PNG.*

■ Siguine blanche
(Philodendrum giganteum)

Remarquable par ses immenses feuilles vert sombre, charnues et luisantes, qui sont des parapluies providentiels en cas de pluie. Cette épiphyte affectionne les endroits humides ou ombragés et pousse aussi bien à terre que sur les rochers ou dans les arbres. Elle développe alors de nombreuses racines aériennes très longues, utilisées en vannerie : le nom de "siguine" dérive sans doute de certaines langues du groupe mandingue dans lesquelles "segi" signifie "panier". Sa floraison est assez rare.

■ White seguine
(Philodendrum giganteum)

This plant is remarkable by its huge dark green and shiny leaves making up a providential umbrella when it rains. This epiphyte grows best in humid or shaded places, both on the ground and on rocks or trees. It then develops many very long aerial roots, used for basketwork: the name of " seguine " is probably derived from certain languages of the *mandingue* group in which " segi " means " basket ". It seldom flowers.

Siguine blanche / White seguine. *Photo Denis Bassargette / PNG.*

Albinia / Albinia. *Photo Rosine Mazin / Top.*

Certaines plantes sont caractéristiques des zones perturbées par un défrichement, à l'occasion de l'ouverture d'une route par exemple, et en général dans toute trouée artificielle ou après modification naturelle (après le passage d'un cyclone par exemple).

Some plants are specific to the regions disturbed by the clearing of forest, for example to build roads, and at large, grow in any artificial gap or following natural changes (e.g. after a cyclon).

Arbres

■ Bois côtelette blanc
(Miconia mirabilis)

Comme beaucoup d'espèces appartenant à la famille des mélastomacées, le bois côtelette blanc possède une feuille marquée par cinq nervures longitudinales principales, perpendiculaires aux multiples nervures secondaires.
C'est un petit arbre dépassant rarement dix mètres de haut, aimant la pleine lumière et croissant rapidement. On le rencontre aux abords des routes et plus généralement dans les zones où la forêt est en régression.

Trees

■ Candle stick
(Miconia mirabilis)

As many species belonging to the melastomaceae family, the candle stick has a leaf marked with five main longitudinal veins, perpendicular with the many secondary veins.
It is a small tree, seldom higher than 10 metres, growing in full light and fast. It is found in the neighbourhood of roads and, at large, in the regions where the forest is declining.

Bois côtelette blanc / Candle stick. *Photo J.D.*

■ **Bois canon**
(Cecropia peltata)

■ **Trumpet tree**
(Cecropia peltata)

Très commun, notamment dans les zones dégradées, le bois canon ou bois trompette est facilement repérable. Il est formé d'un tronc droit, peu ramifié et creux, ce qui explique son nom. Les feuilles, en forme de pelle, atteignent parfois 30 cm de diamètre. Elles sont vertes sur leur face supérieure et argentées sur leur face inférieure et forment des bouquets aux extrémités des branches.

Quite common, especially in degraded areas, the trumpet tree is easy to identify. It consists of a straight trunk, with not many branches and hollow, which explains its name. The leaves are spade-shaped and sometimes have a diameter of 30 cm. They are green on the top and silvery on the lower side and make up bunches at the end of the branches.

Bois canon / Trumpet tree. *Photo J.D.*

■ Gombo grand bois
(Hibiscus tulipiflorus)

Moins décoratif que les hibiscus cultivés, le gombo grand bois possède
néanmoins une jolie fleur jaune en
forme de clochette penchée qui rap-
pelle un peu, bien que plus petite, la
fleur du cotonnier que l'on trouve seulement dans les zones sèches.

■ Wild okra
(Hibiscus tulipiflorus)

The wild okra, although less orna-
mental than the cultivated hibiscus,
has a lovely yellow flower with the
shape of a slant bell reminding, despite its much smaller size, of the cot-
ton flower which is found only in
dry places.

Gombos grand bois / Wild okra. *Photo PNG.*

107

Herbacées

Herbaceous plants

■ **Fougère arborescente**
(Cyathea arborea)

A la différence des espèces des régions tempérées, les fougères des régions tropicales sont souvent arborescentes (c'est-à-dire qu'elles prennent la forme d'un arbre). La fougère arborescente peut mesurer jusqu'à 15 mètres. Elle possède un tronc dressé épineux avec lequel ont fait des pots à fleurs.

■ **Tree fern**
(Cyathea arborea)

Contrary to the species of the temperate regions, the ferns of the tropical regions are often arborescent (i.e. they have the shape of a tree). The tree fern can grow up to 15 metres high. It has an erect thorny trunk which is used to make flower pots.

Impatience / Garden balsam. *Photo Louis Redaud.*

■ **Impatience**
(Impatiens wallerana)

L'impatience est une petite plante aux tiges charnues et cassantes originaire de Zanzibar. Naturalisée en Guadeloupe, elle aime les endroits humides et ombragés. On la trouve notamment dans certaines bananeraies où elle forme d'importantes colonies. Les parterres d'impatience offrent tous les tons de rouge, de rose et d'orange.

■ **Garden balsam**
(Impatiens wallerana)

The garden balsam is a small plant from Zanzibar, with thick, breaking, stems. Adapted in Guadeloupe, it appreciates humid and shady places. It is found, especially, in some banana plantations where it makes up great colonies. The garden balsam beds offer all shades of red, pink and orange.

Fougère arborescente / Tree fern. *Photo Jean-Michel Renault.*

Alizés : vents réguliers soufflant dans l'axe Nord-Est - Sud-Ouest.

Bras : affluent d'une rivière.

Carbet : cabane servant d'abri. Ancienne salle commune des Indiens Caraïbes.

Endémique : espèce propre à un territoire bien délimité.

Epiphyte : végétal qui vit fixé sur les plantes, mais sans les parasiter.

Fond : sorte de petite vallée due à des plissements de relief.

Mangrove : forêt marécageuse composée de palétuviers, qui se développe le long des côtes basses et des estuaires.

Morne : petite colline.

Point géodésique : borne servant de repère qui est utilisée pour mesurer la forme et les dimensions de la terre.

Ravine : dépression creusée par un ruisseau ou ruisseau lui-même.

Saut : cascade.

Savane : à la différence des régions aux climats secs, ce terme désigne ici une zone bien arrosée, avec des herbes basses.

Trace : sentier de montagne, ouvert à travers la forêt.

Trade winds: The constant winds blowing in the North-East, South-East direction.

Branch: A river affluent.

Carbet: A hut used as a shelter. Formerly, a large hut where the Caribs used to hold their meetings.

Endemic: A species specific to a delimited territory.

Epiphyte: A plant growing attached to other plants, without being a parasite of this plant.

Fond: A kind of small valley resulting from relief folding.

Mangrove: A swampy forest consisting of mangrove trees, developing along the low coasts and estuaries.

Morne: A small hill.

Triangulation point: A marker used to measure the shape and dimensions of the land.

Ravine: A depression caused by a willow, or a willow.

Saut: A waterfall.

Savannah: As opposed to dry climate regions, this term designates a rainy area with low grass.

Trace: A mountain path through the forest.

Index des noms de lieux
Index of Places

1ère édition : Avril 1996
Auteur : FFRP-CNSGR
© FFRP-CNSGR 1996 - ISBN 2 85 699 656 6 © IGN 1996
Dépôt légal : Avril 1996
Imprimeur :Corlet, Imprimeur, S.A. 14110 Condé-sur-Noireau
Coordination générale : Dominique Gengembre.
Secrétariat de rédaction : Philippe Lambert.
Cartographie et fabrication : Olivier Cariot,
Christiane Fantola, Jérôme Bazin et Nicolas Vincent.
Traduction : Françoise Graves / TDI.